阿玛的心声

与玛塔·阿姆里塔南达玛仪的对话

由斯瓦弥·阿姆里塔斯瓦鲁帕南达·普里
翻译和编写

玛塔·阿姆里塔南达玛仪中心
美国加利福尼亚州圣拉蒙

From Amma's Heart
Conversations with Sri Mata Amritanandamayi
Translated and written by Swami Amritaswarupananda Puri

Published by
   Mata Amritanandamayi Center
   P.O. Box 613
   San Ramon, CA 94583
   United States

Copyright © 2023 Mata Amritanandamayi Mission Trust, Amritapuri, Kerala 690546, India
All rights reserved. No part of this publication may be stored in a retrieval system, transmitted, reproduced, transcribed or translated into any language, in any form, by any means without the prior agreement and written permission of the publisher.

版权所有。未经出版商事先同意和书面许可，不得以任何形式将本出版物的任何部分存储在检索系统中、传播、复制、转录或翻译成任何语言。

In USA:
   www.amma.org

In Europe:
   www.amma-europe.org

In India:
   www.amritapuri.org
   inform@amritapuri.org

谨以此书
献于一切爱与美之源，
我们最挚爱的阿玛莲足之下

目录

前言	10
人生的目的	14
请耐心，因为你是病人	18
法的真正含义	21
大爱与小爱	25
觉照与觉知	26
觉性始终如是	28
不声称	31
上师在修行路上的重要性	32
阿玛的疗愈	34
死亡的痛苦	36
人类的现状	38
觉悟的捷径	40
修行上的进步	41
觉者的心	44
我们与阿玛之间的距离	47
阿玛的方式	49
没有新的真理	52
真理	53
一句忠告	55

时间表的必要性	59
个人的努力	60
恩典	62
舍离：超越一切分类	64
空中的神圣游戏	66
同情与慈悲	68
真爱无畏	71
该做的和不该做的	72
把自己奉献给世界的阿玛	74
上师的相	76
完美的弟子	77
不二论和造物	79
你快乐吗？	84
一个好榜样	86
亲密关系	87
上师会做什么	92
圣人的行为	94
阿玛的拥抱唤醒人们	96
如何把世界变成神	97
阿玛话语的力量	98
科学家与圣人	102
如何超越念头	103

暴力、战争及解决之道	105
基督和基督教	109
传授基督咒	112
充满妄想的求道者及出路	114
真正的上师助你解脱	116
纯真的奉献	117
神的专线	118
好似流水	119
吠陀梵音和梵咒	120
缺了什么	123
世界与神	125
无限的耐心	130
无条件的爱与慈悲	135
最容易的路	136
觉悟,臣服和活在当下	137
念珠和手机	139
活生生的奥义书	140
摩耶	145
无神论者	146
宁静	148
人生中最重要的一课	152
艺术和音乐	154

爱的源泉	156
您为什么拥抱？	157
每一刻都是宝贵的一课	158
理解觉者	161
阿玛，能量无限	163
失而复得的孩子	165
暴力	168
无明才是问题	170
谦卑的意义	172
我们特殊吗？	173
自性帮助还是自我帮助	174
自我只是一个小火苗	177
新闻	179
好时巧克力和第三眼	180
觉悟的本质	182
见者	184
纯真是神圣能量	187
阿玛只能这样	188
就像认出你的挚爱	189
"相异分离"的感受	190
神是男还是女？	192
心性之道创造平衡	194

执着与爱	195
如何克服人生中的危险	197
不要囤积神的财富	201
阿玛与自然	203
舍离，人类生命的至高点	207
法只有一个	211
团结既是正法	215
虔诚之爱和觉性	216
帮助弟子打开封闭的心	217
感恩的意义	219
身体背后的力量	220
两个重要经验	222
为他人着想	223
爱的子宫	227
修行人特殊吗？	228
只是个临时站点	230
妄心所听到的	232
爱与无畏	233
为什么会有战争？	236
我们怎样才能让阿玛开心？	238
真正的问题	239
这个世界没问题	240

为什么要修行？	241
处理能量	242
一颗纯真心灵的委屈和慈悲	243
唤醒沉睡的弟子	245
服从上师	247
地平线就在这里	248
信仰和念珠	250
爱与臣服	252
觉照力和警觉力	253
信念让一切变得简单	254
专注于目标	255
行动和束缚	256
增加辨别力	257
最后的飞跃	258
阿玛生命中最快乐的时刻	259
阿玛给予的最大的礼物	261
爱让一切鲜活	262
宽恕的重要一课	265
达善	270
不是认为，而是相信	272
词汇表	273

前言

人活着，如果没有语言上的交流，就会很痛苦。交流思想和分享情感是生活中不可或缺的部分。然而，在这个充满冲突和竞争的嘈杂世界中，只有通过祈祷和冥想所获得的静默，才能帮助我们找到内心的宁静和真正的快乐。

在日常生活中，人们常常需要互动交流，所以很难保持静默。即使身处安静的环境，保持静默也实属不易，一般人甚至都可能受不了。然而，像阿玛这样的圣人的本性，正是至福至乐的静默。

我一直以来目睹着阿玛以不同的态度，优雅而完美地应对着各种各样的情况，接待着世界各地的人们。前一刻，阿玛是至上的精神导师，下一刻，她又成了慈爱的母亲。有时候她表现得像个孩子，有时候又像个管理者。与CEO（首席执行官）、获奖科学家和世界领导人会面并提供建议后，她也只是简单地走向达善（Darshan）大厅，去接待并抚慰她成千上万各行各业的孩子们。通常，整个白天以及晚上的大部分时间，阿玛都在抚慰她的孩子们，倾听他们的心声，擦拭他们的眼泪，给他们注入信念、信心与力量。在这整个过程中，阿玛始终是恬静安详的。她永不疲倦，从不抱怨。她的脸上总是洋溢着灿烂的笑容。看上去平凡的阿玛并不平凡，她把生命中的每一刻都奉献给了他人。

是什么让阿玛与众不同？其中的秘密是什么？她无限的能量和力量从何而来？阿玛的生命本身就清晰并切实地揭示了这些问题的答案。她的话再次确认了这一点："你的语言之美、行动之雅、举止之魅，都取决于你内心静默的程度。人类有能力深入这个静默。你的心越静，就越接近无限。"

这深邃的静默正是阿玛生命的核心。阿玛所体现的一切：无条件的爱、难以置信的耐心、非凡的优雅和纯洁，都是她所安住的深邃静默的延伸。

曾经有一段时间，阿玛不像现在这样讲话。有一次阿玛被问及此事，她当时答道："即使阿玛说了，你们也听不懂。"为什么呢？因为我们的无明，我们对阿玛所安住的那个最高、最微妙的境界连最起码的理解都没有。那为什么阿玛还要讲呢？这个问题最好还是借用阿玛自己的话来回答："如果没有人引导那些寻求真理的人，他们可能会放弃这条道路，认为根本就没有觉悟这回事。"

事实上，像阿玛这样伟大的灵魂宁愿保持沉默，也不愿谈论这个物质世界背后的真相。阿玛心里非常清楚，以语言传达真理时，不可避免地会出现扭曲。我们有限且无知的头脑会以最不影响我执的方式对真理做出错误的诠释。尽管阿玛深知我们的头脑只会制造越来越多的困惑，这位慈悲的化身还是会跟我们交流，为我们答疑解惑。正是出于阿玛对人们的耐心和纯洁的爱，她才孜孜不倦地回答我们各种傻里傻气的提问。她永远不会停歇，直到我们的心也充满至福至乐的静默。

在本书所记录的对话中，阿玛——大师的大师，把心智降到她的孩子们的水平，帮助我们领略到一点这个无常世界的基础——恒常不变的实相。

我从1999年就开始收集这些智慧之珠。在阿玛的西方国家巡游活动中，几乎所有的对话和美好的事迹都被记录在书中。在达善期间，我坐在阿玛身边，努力聆听源自阿玛内心那甜美又神圣的旋律，她永远都随时准备与她的孩子们分享。捕捉阿玛话语中的圣洁、朴实和深刻并不容易，也绝非我能力所及。然而，承蒙阿玛的无限慈悲，我得以将这些神圣的话语诉诸笔端，令其重现于此。

跟阿玛本人一样，阿玛的话也远比眼前阅读的文字更具深意，那是一个凡人无法领悟的无限境界。不得不

前言

承认,我也无法完全理解和欣赏阿玛话语中的深层含义。我们的心思总是在世俗琐事当中徘徊踟蹰,根本无法理解阿玛话语的来源处——圆满觉性的境界。话虽如此,我仍强烈地感觉到,本书所收录的阿玛的话语极其独特,在某种程度上与以往的任何书籍都不相同。

我切望甄选阿玛那些优美的日常讲话,将其呈现给她的孩子们。我花了四年时间收集这些讲话,它们承载了整个宇宙,句句话语发自于阿玛深邃的觉性。这些话语的背后,是至福至乐的静默之境——阿玛的真实本性。请用心阅读,倘能对心中所感沉思冥想,这些文字将向你揭示其内在的深意。

亲爱的读者们,我相信本书的内容一定会为你们澄清疑惑,净化心灵,藉此丰富和增进你们的精神追求。

斯瓦弥·阿姆里塔斯瓦鲁帕南达
2003年9月15日

人生的目的

提问者：阿玛，人生的目的是什么？

阿玛：那要看你看重什么，以及你如何看待人生。

提问者：我想知道什么是人生的"真正"目的。

阿玛：人生的真正目的是去体验超越物质的那个境界。

但是，每个人看待人生的方式都不一样。大多数人认为人生就是为了生存不断挣扎。这些人相信"适者生存"。他们满足于普通的生活方式,比如,拥有房子、工作、汽车、妻子或丈夫、孩子以及足够生活的钱。这些的确是重要的事,我们需要关注日常生活,肩负起或大或小的责任和义务。但是,人生并不仅限于此,它还有更崇高的目的——知道我们是谁,觉悟我们的本性。

提问者:阿玛,觉悟本性能让我们获得什么呢?

阿玛:获得一切。那是一种圆满的感受,人生从此别无所求。觉悟本性让人生完美。

不管我们累积了多少,或在努力获取什么,大多数人还是觉得人生不完整——就像字母"C"。这个缺口,或曰缺失,将永远存在。只有自性[1]的知识和觉悟自性才能填补这个缺口,将两端弥合起来,使之变得像字母"O"。唯有"那"的知识会帮助我们扎根在人生的真正中心。

提问者:如果是这样,那么人们要履行的世俗责任怎么办?

阿玛:无论我们是谁或做什么,我们在世界上要履行的责任应该帮助我们合于正法(Dharma),也就是合于自性。众生皆为一体,因为生命是一体,而生命只有一个目的。但是,由于对身体和心念的认同,人们可能会想:"求道和成道不是我的法,我的法是当音乐家、演员或商人"。这么想没有问题。但是这样的话,我们

---

[1] 自性:在本书里,本性、觉性、梵我、梵和真我都指自性。——译者注

永远都不会感到满足，除非我们把精力投向人生的至高目标。

提问者：阿玛，您说每个人的人生目的都是觉悟，但事实似乎并非如此，因为大多数人都没有觉悟，甚至好像都没有为之努力。

阿玛：那是因为大多数人没有正知见。这叫摩耶（Maya），它是一种幻相力量，它掩盖真理，并使人们远离真相。

无论我们是否意识到，人生的真正目的是觉悟内在的神性。有很多你不知道的事情，不在你现阶段的认知内。说"因为我没有意识到它们，所以它们不存在"是很幼稚的。随着人生的发展，你会有各种新的、未知的体验，这一切会引领你走近你的真实本性。这只是时间早晚的问题。有些人可能已经觉悟到；还有一些人随时会觉悟到；再有一些人会更晚些。但是不要因为它还没有发生，或者在这辈子可能不会发生，就认为它永远不会发生。

你内心中，有无穷尽的知识在等待着你的允许来显现。但除非你允许，否则它不会显现。

提问者：谁来允许？心？

阿玛：你的整个存在——你的心、身和智力。

提问者：这是个理解力的问题吗？

阿玛：需要去理解去实践。

提问者：我们怎么培养理解力呢？

阿玛：通过培养谦卑的品德。

提问者：为什么谦卑这么重要呢？

阿玛：谦卑使你乐于接受一切经验，而不去评判它们。这样你会学到更多。

这不仅仅是一种智力上的理解。在这个世界上，许多人的头脑里装了太多有关修行的信息。然而，在这些人当中，有多少人真正想修行，并为实现目标付出真诚的努力呢？甚或尝试更深入地理解修行的正知见呢？很少，是不是？

提问者：那么，阿玛，真正的问题是什么呢？是没有信念，还是难以走出我们的头脑？

阿玛：如果你有真正的信念，那么你就会自然而然地落入心间。

提问者：也就是说，是没有信念喽？

阿玛：你觉得呢？

提问者：是的，就是因为没有信念。但您为什么说"落入"心间呢？

阿玛：从生理上来说，头是身体的最高处。想要从那里到达心间，就必须下落。然而，从精神上来讲，则是向上升起，腾空翱翔。

请耐心，因为你是病人

提问者：一个人怎样从觉悟上师（Satguru）那里得到真正的帮助？

阿玛：想获得帮助，首先要承认你是个病人，然后要有耐心。

提问者：阿玛，您是我们的医生吗？

阿玛：没有哪个好医生会四处宣扬："我是最好的医生，来找我吧，我能治愈你"。即使有了最好的医生，除非病人对其满怀信心，否则治疗未必十分有效。

无论何时何地，人生手术室里所有的手术，都是由神执行的。你看外科医生在做手术时都是戴着口罩的。那时没人能认出他们，但是医生就在口罩后面。同样，神或上师慈悲的面孔，也藏在一切人生经历的背后。

提问者：阿玛，在去除弟子的我执时，您不同情他们吗？

阿玛：医生给病人开刀切除癌变组织的时候，你认为他没有同情心吗？如果是这样的话，那也可以说，阿玛没有同情心。但是只有在孩子们愿意配合的情况下，阿玛才会动他们的我执。

提问者：您是怎么帮助他们的？

阿玛：阿玛帮助她的孩子们看到我执这个癌症——也就是内在的弱点和负面品质，使他们更容易去除我执。这是真正的慈悲。

提问者：您把您的孩子们视为您的病人吗？

阿玛：更重要的是他们自己意识到他们是病人。

提问者：阿玛，您说的"弟子的配合"指的是什么？

阿玛：是信念与爱。

提问者：阿玛，我还有个问题，我知道很蠢，但还是想问。请原谅我太傻了。

阿玛：没关系，尽管问吧。

提问者：您手术的成功率是多少？

阿玛放声大笑，轻轻敲了敲这个信徒的头。

阿玛：（仍在笑）孩子，成功的手术是很少见的。

提问者：为什么呢？

阿玛：由于我执，大多数人都不愿配合医生。这让医生很难做好工作。

提问者：（顽皮地）医生是您，是不是？

阿玛：（用英语说）我不知道。

提问者：好吧，阿玛，这种手术成功的必备条件是什么？

阿玛：一旦上了手术台，病人唯一能做的就是静止不动，相信医生，并臣服。现如今，就算是小手术，医生也会给病人打麻醉药。没有人愿意经历疼痛。遭受疼痛时，人们宁愿失去意识，也不想保持清醒。不管是局部麻醉还是全身麻醉，都会让病人对手术的过程毫无知觉。然而真正的上师更愿意在你清醒的时候为你去除我执。神圣上师的手术去除弟子的我执之癌。如果弟子能始终保持觉知和开放的态度，整个过程就会容易得多。

法的真正含义

提问者:不同的人对法(Dharma)有不同的解释。一个词有这么多不同的释义,实在令人困惑。阿玛,法的真正含义是什么?

阿玛:只有当我们体验到神是我们的源头和支柱时,我们才能明白法的真正含义。这是无法在文字或书籍里找到的。

提问者:那个法是终极角度上的法,对吧?但是我们怎么才能找到日常生活中法的意义呢?

阿玛：每个人在经历人生种种体验时都会有，那是一种领悟。有些人领悟得早一些，会很快找到正确的路，去做正确的事。然而对其他人来说，则会是一个缓慢的过程。他们可能得经历一个不断尝试和犯错的过程，然后到达人生的某个阶段，在这个阶段开始践行他们的法。这并不意味着他们过去所做的一切都白费了。不是的。那个过程会丰富他们的经验，只要他们保持开放的态度，就能从中学到不少教训。

提问者：对一个过正常的家庭生活，面对生活里的困难和挑战的在家人来说，这些会妨碍他觉醒吗？

阿玛：只要我们把觉悟作为人生的最终目标，就不会。如果这是我们的目标，我们就会以有助于实现这个目标的方式来塑造我们所有的思想和行为，不是吗？我们总是会记着我们真正的目的地。就像从甲地到乙地旅行的人，可能会在途中的几个车站下车喝茶或吃饭，但他们总会回到车上。即使在这样的小憩当中，他们也始终记着他们的目的地。同样，在人生的旅途中，我们可能也会多次停下来，做这样或那样的事。但是，绝对不要忘记重新登上载着我们在修行之路上前行的车辆，在座位上坐好，并系紧安全带。

提问者："系紧安全带"？

阿玛：是的。当你乘飞机时，可能会遇到气窝产生的乱流，造成颠簸。即使在公路上行驶，也有可能会发生交通事故。所以，最好注意安全，并采取一定的安全措施。同样的，在修行途中，也不排除会有导致精神和情绪混乱的情况。为了不让自己受到这种情况的影响，我们必须听从上师的教导，保持自律，遵循生活中该做和不该做的道德准则。这些就是修行旅途中的安全带。

提问者：所以，无论我们做什么事，都不应该分心，转移对终极正法——觉悟的注意力。阿玛，这是您的建议吗？

阿玛：是的。对那些想修持的人来说，觉悟的渴望之火应该一直在内心中燃烧。

法的意思是"那个维持的"，那个维持生命和一切存在的是梵我（Atman），即自性。所以，虽然法通常被用来指"个人责任"，或在人世间应遵循的路，但是，它最终指的是觉悟。在这个意义上，我们只能把助我们修道的思想和行为称为法。

在正确的时间，以正确的态度，用正确的方式采取的行动就是如法的。这种正确行事的意识有助于净化我们的心灵。你可以是商人或司机，屠夫或政客；无论你的工作是什么，只要你将它作为你的法来践行，作为解脱（Moksha）的方式，那么你的行为就会变得神圣。在毗林达梵（Vrindavan），那些靠卖牛奶和黄油为生的牧牛女们（Gopis）就是这样亲近神的，并且最终实现了人生目标。

大爱与小爱

提问者：阿玛，大爱和小爱之间有什么区别？

阿玛：它们之间的区别就是神和人的区别。大爱是神性，小爱是人性。

提问者：但是大爱也是人类的真实本性，不是吗？

阿玛：是这样的，如果你觉悟到那个真理的话。

觉照与觉知

提问者：阿玛，神是什么？

阿玛：神是纯然觉照，神是纯然觉知。

提问者：觉照与觉知是一回事吗？

阿玛：是的，它们是一回事。你觉照力越强，觉知力就越强，反之亦然。

提问者：阿玛，物质和觉性之间有什么区别？

阿玛：一个是外在的，一个是内在的。外在的是物质，内在的是觉性。外在的是无常的；内在的梵我（Atman）即觉性，是恒常的。正是梵我照亮了一切，赋予一切活力。梵我是自发光的，而物质却不是。没有觉性，物质便不可知。然而，一旦你超越了一切分别，你就能看见圆满觉性遍一切处。

提问者："超越一切分别"，"圆满觉性遍一切处"，阿玛，您举的例子总是那么美好。您能再举个更直观的例子吗？

阿玛：（微笑着）成千上万个美好的例子都挡不住头脑重复提同样的问题，只有纯粹的体验才能消除一切疑虑。不过，如果一个例子能给你的头脑带来更多的满足，阿玛也不反对。

这就像是在森林里。当你身处森林之中，你会看到各种各样的树木、植物和藤蔓。但是当你走出森林，开始远离它时，再回头望去，这些树木、植物会逐渐地消失，直到最后，你看到的就只是一片森林。同样的道理，一旦你超越了头脑，它的局限性——也就是琐碎欲望，以及"我"和"你"的意识所创造的一切分别，都会消失。那时你将体验到，一切都只是觉性。

觉性始终如是

提问者：如果觉性始终存在，那有什么有力的证据吗？

阿玛：你自己的存在就是最有力的证据。你能否认自己的存在吗？不能，因为否认本身恰恰证明了你的存在，不是吗？假如有人问："喂，你在那儿吗？"你回答说："不，我不在。"即使回答是否定的，却清楚地证明你就在那儿。你不需要坚称它存在，光是否定它就证明了它的存在。所以，觉性，即梵我，是无法被质疑的。

提问者：如果是这样，那为什么体验觉性这么难？

阿玛：只有当我们觉照到时，才能体验到那个"始终如是"的觉性。否则即便它存在，我们也不知道。真理始终存在，只是我们不知道而已。万有引力定律在被发现之前就已经存在了：往上扔一块石头，它总是会落下来。同理，觉性一直在我们之内——当下此刻——但我们可能没觉照到。事实上，只有当下是真实不虚的。但为了体验到这一点，我们需要新的视角，新的眼睛，甚至新的身体。

提问者："新的身体"？什么意思呢？

阿玛：这并不是说你的身体会消失，身体看上去还会是一样，但是它会经历一个微妙的变化，一个质变。因为只有质变后的身体才能容纳不断扩展的觉性。

提问者：扩展的觉性是什么意思？奥义书（Upanishads）里说实相是圆满的，其中记载："purnamadapurnamidam…"（"这是圆满，那是圆满……"），所以我不明白这个已经圆满的觉性还要怎么扩展呢？

阿玛：奥义书里说得的确是对的。但是，从二元的个体层面上来说，修行人会经历觉性的扩展。当然，整体的神圣能量（Shakti）是不变的。虽然从吠檀多（印度的不二论）的角度来说，修行之路并不存在，但是在二元层面上，是有一条所谓的走向圆满境界的道路。一旦觉悟，你就会意识到：整个过程，包括这条修行之路，都是不真实的。因为你一直就在那个圆满境界里，从来没有离开过。在觉悟之前，根据修行人（Sadhak）的修行进程，他们会经历这个觉性扩展的过程。

举个例子，你从井里打水时会发生什么呢？井底的泉水会不断地把井灌满。你一边打水，泉水会一边注入。所以可以说，井里的水一直在增加，泉水是永不枯竭的源头。井是满的，永远是满的，因为它始终与泉水相连。这口井不断地变得圆满，不断地扩展。

提问者：（沉思了一会儿）这个例子很形象，但听上去还是很复杂。

阿玛：是的，用头脑去想是想不明白的，阿玛知道。最容易的也是最困难的，最简单的也是最复杂的，最近的看起来也最远。这一直会是个谜，直到你觉悟。这就是为什么古代仙人们（Rishis）将梵我形容为"比最远还远，比最近还近"。

孩子们，人的身体是非常有限的工具，它无法容纳无限的觉性。然而，就像那口井一样，一旦我们连上神圣能量（Shakti）的永恒源头，我们的觉性就会在我们内在不断扩展。一旦我们入三摩地（Samadhi），身与心之间、神与世界之间就会完美和谐地运作。因而，不会有什么扩展成长，什么都没有。你与觉性的无限海洋融合为一。

不声称

提问者：阿玛，您不声称什么吗？

阿玛：声称什么？

提问者：声称您是圣母转世呀，或者是觉悟大师等等。

阿玛：有哪个总统或总理会走哪儿都说"你知道我是谁吗？我是个总统/总理"？不会的。他们就是他们。甚至声称自己是神的化身（Avatar）或已经觉悟，都是出于我执。实际上，如果有人声称他们是神化身、圆满觉者，这本身就证明他们不是。

完美上师是不会这样说的。他们总是以谦卑的态度给世人树立榜样。要记住，觉悟不会让你变得特别，而是使你谦卑。

声称自己了不起，你既不需要觉悟，也不需要任何特殊技能，唯一要有的就是我执和妄自尊大。而这些是完美上师所没有的。

上师在修行路上的重要性

提问者：在修行路上，为什么这么强调上师的重要性？

阿玛：那你告诉阿玛，这世上有什么是不需要老师或指导就能学会的？假如你想学开车，就需要跟有经验的司机学。小孩需要有人教他系鞋带。还有，没有老师你怎么学数学呢？甚至扒手都需要有人教他偷窃的技术。如果在平常生活中老师都不可或缺，更何况修行这件极度微妙的事呢？

如果你要去一个遥远的地方，你可能会买张地图。但是，如果你要去的是一个完全陌生的国度、未知的地方，那么无论你如何研究地图，在你抵达那个地方之前，你还是会对它一无所知。另外，地图也不会告诉你旅程的经过，比如路途的波折、潜在的危险。所以，最好还是接受已经完成旅程、有亲身经验的人的指导。

你对修行之路有多少了解？对你来说，这是个完全未知的世界、陌生的道路。也许你从书本或别人那里收集了一些信息，但是你在实践的时候，在体验方面，上师的指导是必不可少的。

阿玛的疗愈

　　有一天，在阿玛的欧洲活动中，工作人员领着一位年轻女士来见阿玛。她哭得很厉害。工作人员跟我说："她有个非常悲伤的故事想告诉阿玛。"女士泪流满面地跟阿玛叙述，她父亲在她五岁时就离开了家。小时候她经常问妈妈，爸爸去哪里了。但是由于父母的关系很糟糕，母亲从来没有说过父亲的好话。随着时间的流逝，女孩对父亲的好奇心也逐渐消散了。

　　两年前，也就是父亲离家二十年之后，女士的母亲去世了。在整理母亲的遗物时，她意外地在母亲的旧日记里发现了父亲的地址。很快，她得到了父亲的电话号码。抑制不住激动的心情，她立刻给父亲打了电话。父女俩相认的喜悦之情无以复加。在电话里聊了很久之后，他们决定见面。父亲答应开车去见她，并定好了日期。然而，命运极其残酷，就在去见她的路上，一场车祸夺去了父亲的生命。

　　这个年轻女士悲痛欲绝。医院通知她认领父亲的遗体。试想她有多么崩溃。二十年来父亲一直杳无音信，终于要见面了，最后见到的却是父亲的遗体！更糟糕的是，医生告诉她，正是因为父亲开车时突发心脏病，才酿成了车祸。这可能是由于等待多年之后终于要见到女儿了，过度兴奋所致。

那天早上，在阿玛倾听她的故事时，我目睹了此生所见过的最美丽、最感人的达善之一。年轻女士放声痛哭，阿玛也不停地擦拭自己脸上的泪水。阿玛温柔地抱着她，让她的头枕在自己的腿上。阿玛一边抹去她的眼泪，爱抚她，亲吻她，一边疼爱地说："我的孩子，好孩子，不哭了。"在阿玛的安慰下，女士慢慢平静下来。在整个过程中，她们几乎没有说话。而我在旁边尽可能打开心，学习重要的一课——在阿玛跟前，一颗受伤的心是如何被疗愈的。这位年轻女士在离开时变化很明显，她看上去很释然、很放松。离开前，她转身对我说："见到阿玛，让我感到像花儿一样轻盈。"

在这样严肃的场合里，尤其在感受对方的痛苦和悲伤的时候，阿玛很少说话。这时只有饱含深情的静默才能映照出他人的痛苦。在这种情况里，阿玛会用眼睛说话，分担孩子们的痛苦，表达她深深的爱、关怀、同在和呵护。

正如阿玛所说："自我无法疗愈任何人，高谈阔论只会令人迷惑。然而，无我之人的一个眼神、一次触碰就能轻易地驱散人们心中痛苦和绝望的乌云。这才能带来真正的疗愈。"

死亡的痛苦

提问者：阿玛，为什么死亡会让人感到这么恐惧和痛苦？

阿玛：那是因为人们过于执着这个身体和世界，才会对死亡感到恐惧和痛苦。几乎每个人都相信死亡是完全的湮灭，没有人愿意离开这个世界，被人遗忘。当我们有这样的执着，那么放下这个身体和世界的过程就会很痛苦。

提问者：如果我们放下这个执着，那死亡还会痛苦吗？

阿玛：如果能放下对身体的执着，死亡不仅不会痛苦，而且还会变成一种极乐的体验。你能够作为旁观者，观照身体的死亡。带着出离心面对死亡，会让死亡成为一种完全不同的体验。

大多数人都是在巨大的失望和沮丧中死去。他们陷入深深的悲伤，在焦虑、痛苦和彻底的绝望中度过最后的日子。为什么会这样呢？那是因为他们从来没有学过如何放下毫无意义的幻想、欲望和执着，并从中解脱出来。对他们来说，老年，尤其是临终之时，会比地狱还糟糕。所以，智慧很重要。

提问者：年纪越大就越有智慧吗？

阿玛：人们普遍这么认为，觉得见过了世面也走过了人生，就应该有智慧了。但是，要获得大智慧并不容易，尤其在现在这个社会，人们越来越以自我为中心。

提问者：为了获得大智慧，我们需要什么基本品质呢？

阿玛：需要内省和冥想。这让我们能更深入地感受人生的种种体验。

提问者：阿玛，世界上大多数人既不内省也不冥想，这对他们来说实用吗？

阿玛：这取决于人们对它有多重视。要知道，在以前，内省和冥想是生活中不可或缺的一部分。这就是为什么，尽管那个时候的科学技术不像现在这么发达，但是人们还是取得了诸多成就。那时的发现仍然是我们现在发展的基础。

如今，最重要的东西往往不被接受，被称为"不切实际"。这就是黑暗时代（Kali Yuga）的特点之一。叫醒睡着的人很容易，叫醒装睡的人却很难。给盲人照镜子有用吗？在这个时代，人们宁愿闭上双眼，不看真理。

提问者：阿玛，什么是大智慧？

阿玛：让生活变得简单和美好的，就是大智慧。它是通过恰当地运用辨别力所获得的正见。一旦人们真正地拥有了这种智慧，就会在思想和行动中体现出来。

人类的现状

提问者：目前人类的心性是什么状态？

阿玛：总体来说，全人类都在经历着心性上的巨大觉醒，人们也越来越意识到修心的必要性。在西方国家，虽然人们没有直接联想到修行，但是新世纪思想、瑜伽、冥想比以往任何时候都更受欢迎。瑜伽和冥想在很多国家都成为时尚，尤其是在上流社会。甚至连无神论者都接受了与大自然和谐共处以及顺道而为的基本理念。这种迫切求变的内在渴望处处可见。这无疑是个好迹象。

然而，另一方面，物质主义和物质享乐带来的影响也在不可控制地增长。如果再这样下去，就会造成严重的失衡。在物质享乐中，人们往往很难明辨是非，而且经常做出不明智且具有破坏性的事。

提问者：这个时代有什么新的或特殊的地方吗？

阿玛：其实，每一个时刻都是特殊的。不过这个时代的特殊，是因为我们几乎到达了人类存在的又一个巅峰。

提问者：真的吗？什么样的巅峰？

阿玛：我执、黑暗与自私的巅峰。

提问者：阿玛，请您再阐明一下好吗？

阿玛：根据古代仙人们（Rishi，古代的见者）的说法，世界有四个时间周期：圆满时代（Satyayuga），三分时代（Tretayuga），二分时代（Dwaparayuga）和黑暗时代（Kaliyuga）。目前我们处于物质主义的黑暗时代。第一个时代是圆满时代。在这个时代里只有真实和真理。然后在经过另外两个时代，三分时代和二分时代之后，人类现在进入了黑暗时代，也就是最后一个时代，在这之后又将重新进入圆满时代。然而，在进入、经历和走出三分时代和二分时代的过程中，我们也丢失了很多美德，比如真理、慈悲与爱等等。真理的时代是一个巅峰，三分时代和二分时代处于中间，那时还尚存一些正法（Dharma）和真理（Satya）。而现在，我们到达了另一个巅峰，非正法（Adharma）和非真理（Asatya）的巅峰。仅仅是学会谦卑，就能够帮助人类意识到目前围绕着我们的黑暗，这会帮我们准备好再次登上光明和真理的巅峰。让我们祈祷，愿世界各地不同信仰和不同文化的人都能学到这一课。这是时代的需要。

觉悟的捷径

提问者：在现在的社会，人们凡事都想走捷径，觉悟有捷径吗？

阿玛：这个问题就像在问，"走向自己有捷径吗"？觉悟是走向你的自性的道路，所以，它简单得就像开灯一样。但是，你要知道打开哪个开关以及怎么打开，因为这个开关就藏在你之内，你在外面的任何地方都找不到它。这就是你需要神圣上师帮助的地方。

门一直开着，你只需要走进去。

修行上的进步

提问者：阿玛，我冥想已经很多年了，但是觉得自己没什么进步。是我哪里做错了吗？我的修行方法对吗？

阿玛：你先告诉阿玛，为什么你觉得自己没有进步？你修行进步的标准是什么？

提问者：我在冥想中什么都没看到过。

阿玛：你想要看到什么？

提问者：我从来没有看到过神圣的蓝光。

阿玛：你从哪儿听说会看到蓝光？

提问者：一个朋友告诉我的，我在书里也读到过。

阿玛：孩子，不要对你的修行方法（Sadhana）和进展有任何不必要的想法，你错就错在这里。你对修行的这些想法，可能会变成你修行路上的绊脚石。你的修行方法是对的，但态度却是错的。你在等着神圣蓝光出现在你眼前，但奇怪的是，你根本不知道什么是神圣之光，却坚信它是蓝色的。谁知道呢，说不定它已经出现过了，你却还在等着某种特定的神圣蓝光。如果神性决定以红光或绿光出现呢？那你可能就已经错过了。

有一次，一个孩子跟阿玛说，他总是在冥想中等待绿光出现。于是阿玛告诉他，开车的时候要小心，因为他有可能把红灯当成绿灯闯过去。这样的修行观点真的很危险。

孩子，所有修行的目标都是为了能在任何境遇中保持平静。其他的一切——不管是光、音还是相——都会来来去去。就算你看到某些影像，它们也只是短暂的。唯一的永恒体验是完全的平静。那平静心，才是修行的真正成果。

提问者：阿玛，渴望这样的体验有错吗？

阿玛：阿玛不会说这是错的。但别太把这些体验当回事，因为这样做会大大减缓你的修行进展。如果它们出现了，就随它们去吧。这才是正确的态度。

在修行的初期，由于过度兴奋和觉知不够，修行人会对修行有很多误解和错误的观念。比如，有些人痴迷于在冥想中看到神和女神的相；有些人渴望看到不同颜色的光；还有很多人渴望听到悦耳的声音。有多少人浪费了一生去追求这样的神通（Siddhis）！也有一些人渴望即刻达到三摩地，获得解脱（Moksha）。人们也听过很多关于拙火（Kundalini，潜伏在脊柱底端的灵力）觉醒的故事。但是一个真正的修行人永远不会执迷于这些观念。这些观念会大大减缓我们的修行进展。这就是为什么，从一开始就对修行有着清晰的理解，并用健康、明智的方法来修行是很重要的。不加思辨地听从那些自诩为大师的人，不加选择地读书，只会让人更加困惑。

觉者的心

提问者：觉者的心是什么样的？

阿玛：是无心之心。

提问者：是无心念吗？

阿玛：那是个广阔的境界。

提问者：但他们也跟世界互动，没有心念的话怎么互动呢？

阿玛：当然，他们会"使用"心念与世界互动。但是，凡夫充满杂念的心和觉者的心之间有着巨大的差别。觉者使用心念，而我们却被心念使用。觉者不精打细算，而是自发的。自发性是心的本性。过于认同妄念的人是没有自发性的。

提问者：世界上大部分的人都认同妄念，您是说他们爱控制吗？

阿玛：不，也有很多时候人们安住于内心正向的感受。当人们对他人慈悲，善待和体贴他人时，他们更多的是安住于内心正向的感受而不是妄念。但是人们总能做到这一点吗？不能。大部分时候，人们还是认同妄念。这是阿玛的意思。

提问者：如果人人都有安住于内心正向感受的能力，那为什么又经常做不到呢？

阿玛：那是因为在你们目前的状态下，你们的妄念更强。为了安住于内心正向感受，你们应该加强与清净心的静默连接，而减少与混乱嘈杂的妄心连接。

提问者：我们如何变得自发又敞开呢？

阿玛：减少我执。

提问者：我执减少后会怎么样呢？

阿玛：你的内心深处会不可遏制地涌起一个渴望。虽然你已经为这个发生做好了准备，但是当它真的发生时，任何计算和努力都没有用。这个发生，无论你叫它什么，是如此的美丽且圆满。其他人也会被你的这个发生所吸引。这种情况更多是出于本心的表达，这时你更接近自己的真实本性。

事实上，这种发生来自于超越心念的境界。突然间，你与无限同频，并契入宇宙能量的源头。

完美的上师们永远安住于这个自发的境界，他们也为他人创造条件来安住于这个境界。

我们与阿玛之间的距离

提问者：阿玛，我们与您之间的距离有多远？

阿玛：既没有距离，又有无限距离。

提问者：既没有距离，又有无限距离？

阿玛：是的，你和阿玛之间完全没有距离。但与此同时，距离又是无限远。

提问者：这听上去很矛盾。

阿玛：因为你的头脑有局限性，所以听到这个就会觉得有矛盾。这个矛盾会在你觉悟前一直存在。任何解释，不管多么明智、多么合乎逻辑，都无法消除这个矛盾。

提问者：我知道我的头脑有局限。但我还是不明白，为什么这个说法这么自相矛盾，又模棱两可？怎么会同时既没有距离，又有无限距离呢？

阿玛：孩子，首先，你还是没有明白你头脑的局限性。想要真正地理解头脑的渺小，就是要真正地理解神或神性的伟大。头脑是一个很大的负担，一旦领悟到这一点，你就会意识到，背负着这个叫做头脑的巨大负担是毫无意义的，你就不能再背负它了。这个领悟会帮助你放下它。

孩子，只要你还是不了解内在的神性，你和阿玛之间的距离就是无限远的。不过，一旦你觉悟，你就会知道，你和阿玛之间从来就没有距离。

提问者：想要用智力去理解这个过程是不可能的。

阿玛：孩子，这是一个好兆头。至少你同意用智力去理解这所谓的过程是不可能的。

提问者：您是说这个过程不存在吗？

阿玛：的确是这样。比如，一个天生的盲人能知道什么是光吗？不能，因为这个可怜人只熟悉黑暗，那是一个与有视力的人完全不同的世界。

医生告诉他："你看，你需要做个矫正手术，然后视力就能恢复了。"

如果这个盲人听医生的，做了手术，黑暗很快就会消失，光明就会出现，是不是？那么，光是从哪儿来的呢？从外面来吗？不是。能看见的那个一直都在盲人之内。同样的，当你通过修行矫正了内在的视力，一直在内等候的正见之光就会显现。

阿玛的方式

阿玛的方式是独一无二的。她给的功课总是出其不意，又不同寻常。

在一次闭关活动的早上，阿玛正在给达善。有个人带来一位没有报名的女士。我留意到这个新来的人，并告诉了阿玛。但是阿玛完全没理我，继续给达善。

我心里想："没关系，阿玛在忙，让我来盯着这个不速之客吧。"虽然我的主要服务（Seva）是为阿玛翻译信徒们的问题，但是在接下来的时间，我给自己安排了另一项服务——紧盯这位不速之客。这位女士形影不离地跟着带她来的信徒，我也紧紧地盯着他们的一举一动。与此同时，我还给阿玛实时汇报这两人的举动。尽管阿玛没理我，但我还是自个儿领了这个任务。

当这两个人一加入"特殊需要达善队列"，我就激动地向阿玛汇报，想引起她的注意。但是，阿玛依旧无动于衷，继续拥抱信徒。

这时，另有两位信徒也加入了我的阵营，其中一位指着"闯入者"说："看到没，那个女的？她很怪，说话也特别消极。我觉得让她呆在这里很不明智。"

另一位信徒也严肃地说："问问阿玛我们应该怎么做。要不要把她赶出去？"

经过种种努力，我终于成功地引起了阿玛的注意。她抬头问我："她在哪儿？"

听到阿玛的问话，我们三个人兴奋得不得了，我们想——至少我在想——阿玛终于要说出那句我们迫不及待想听到的话了："把她赶出去"。

阿玛话音刚落，我们一起指向那位没报名的女士。阿玛看向她。现在，我们都焦急地等着最终的判决。阿玛转向我们说："叫她过来。"于是我们争先恐后地跑去叫那位女士。

这位女士一走近阿玛，阿玛就向她张开了双臂，脸上带着慈爱的笑容，说："来，我的孩子。"女士不由自主地投入了阿玛的怀抱。这时我们目睹了最美好的达善之一。阿玛将她的头轻轻靠在自己的肩上，温柔地轻抚她的背。之后，阿玛双手捧起她的脸，深深地看入她的双眼。这位女士的双眼开始涌出泪水，阿玛慈爱地为她擦去眼泪。

我和两位"盟友"站在阿玛的椅子后面看着这一切，也情不自禁地落下泪来，心完全柔软了下来。

这位女士刚走，阿玛微笑地看着我说："你今早浪费了不少精力。"

阿玛转身继续祝福她的孩子们，传播快乐。我看着阿玛小小的身躯，肃然起敬，一时无法言语。这时，我想起阿玛曾经说过的一句话："阿玛就像一条河，她只是流着。有人在河里洗澡，有人饮水解渴，还有人在河里游泳嬉耍，但也有人往河里吐痰。不管发生什么，河水接受一切，拥抱一切，不受影响地继续流淌。"

就这样，在至尊上师阿玛的身边，我经历了又一个美好的一刻。

没有新的真理

提问者：阿玛，您认为人类需要一个新的真理来觉醒吗？

阿玛：人类不需要一个新的真理，只需要看到本已存在的真理。真理只有一个，它始终闪耀在我们所有人的心中。这唯一的真理既不是新的也不是旧的。它永远一样，永不变化，恒常如新。寻求新的真理，就好比学前班的孩子问老师："老师，2+2=4 您已经教了很久了，它已经很旧了。您为什么不教点新东西？比如 2+2=5？别老是等于 4 了。"真理不可能改变，它永远都在，永远都一样。

在这个新千年，无论东方还是西方都会发生巨大的心灵觉醒。这才是这个时代真正需要的。人类日渐掌握的科学知识，必须引领我们走向神。

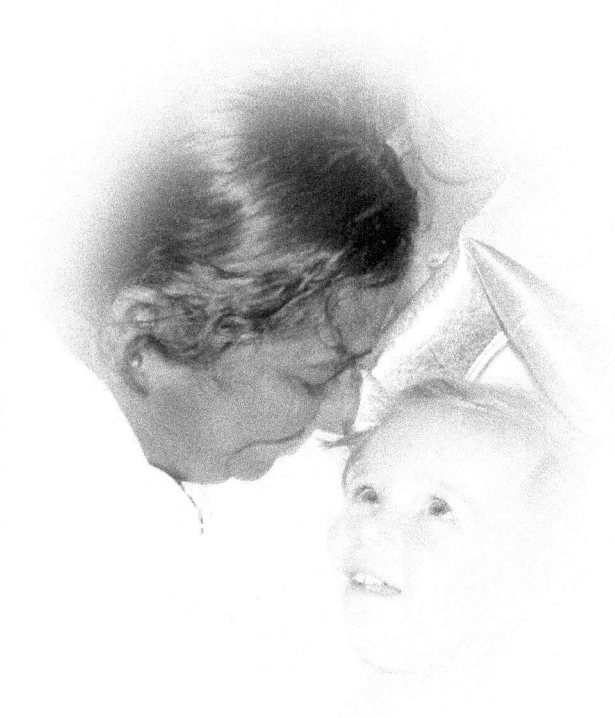

真理

提问者：阿玛，什么是真理？

阿玛：真理是那恒常不变的。

提问者：真实是真理吗？

阿玛：真实只是一种品质，不是终极实相的那个真理。

提问者：难道这个品质不是真理的一部分吗？

阿玛：是的，一切都是真理的一部分，真实也是。

提问者：如果一切都是真理的一部分，那么不仅好的品质，坏的品质也是它的一部分，是吗？

阿玛：是的。但是，孩子，你现在还在地面上，还没有达到那种高度。

假设你第一次坐飞机，在登机之前你对飞行一无所知。环顾四周，你看到聊天、叫嚷的人们，看到建筑物、树木、行驶的车辆，听到孩子的哭泣声等等。随后，你登机了，飞机慢慢地越飞越高。这一刻再往下看，你会看到一切变得越来越小，渐渐地连成一片。最后，一切都消失了，包围着你的只有广阔无垠的空间。

同样的，孩子，你目前还在地面上，没有登机。你必须接受、吸收和培养好的品质，摒弃坏的品质。一旦你达到了觉悟的高度，就会体验到万物一体。

一句忠告

提问者：阿玛，您能用一句话给我关于静心的忠告吗？

阿玛：永久的宁静还是暂时的宁静？

提问者：当然是永久的。

阿玛：那么，觉悟你的自性（梵我）。

提问者：这太难理解了。

阿玛：好吧，那就爱一切众生。

提问者：这两个答案是一样的吗？

阿玛：是一样的，只是说法不同而已。觉悟自性和平等地爱一切众生基本上是一回事,它们互为依存。(笑)孩子,这已经不止一句话了。

提问者:抱歉,阿玛,我真笨。

阿玛:没关系,不要紧。你还想继续问吗?

提问者:是的,阿玛。像宁静、爱和真正的快乐这样的品质,是随着我们的修行同时发展的,还是修行结束后的结果?

阿玛:两者皆是。但是,只有当我们重新认识到自己的真实本性时,这个圆才会完整,圆满的宁静才会随之而来。

提问者:这个"圆"指的是什么?

阿玛:是连起我们内在和外在存在的圆,它是圆满的境界。

提问者:但是经书上说,一切已经圆满了,已经是个圆了。既然已经是圆,那还有什么要完成的呢?

阿玛:当然它已经是一个完美的圆,但是大多数人并没有意识到这一点。对他们来说,还是有个缺口需要去填补。为了填补这个缺口,人们以各种需求和欲望的名义四处奔忙。

提问者:阿玛,我听说在觉悟的圆满境界里没有所谓的内在和外在存在。

阿玛:是这样,但这只是那些已经达到那个境界的人的体验。

提问者:用智力去理解那个境界会有帮助吗?

阿玛:帮助什么?

提问者:帮助我领略一点点那个境界。

阿玛:帮不了,智力上的理解只能满足智力,甚至这种满足也是短暂的。也许你以为自己懂了,但很快又会产生怀疑和疑问。你的理解只是基于有局限的文字和定义,它不能给你无限的体验。

提问者:那怎么做才最好呢?

阿玛:持续地下功夫,直到臣服。

提问者:"下功夫"是什么意思?

阿玛:阿玛的意思是,耐心地苦修(Tapas)。只有通过苦修,你才能安住在当下。

提问者:苦修就是长时间、持续不断地打坐冥想吗?

阿玛:那只是一方面。真正的苦修,是以有助于我们合于自性或神的方式做每一事、起每一念。

提问者:那究竟是什么呢?

阿玛:就是将你的人生致力于觉悟。

提问者:我有点困惑。

阿玛:(笑)不是有点,是很困惑。

提问者:您说得对。但为什么会这样呢?

阿玛:那是因为你对修行,对那个超越了头脑的境界想多了。别想了，省下那个精力去做你力所能及的事吧。这样你才会对实相有所体验，或者至少能领略到一点。

时间表的必要性

提问者：阿玛，您说我们每日需要自律，比如列个时间表，尽可能去按时间表的安排来执行。但是，阿玛，我有个小宝宝。如果我要冥想，宝宝哭起来怎么办？

阿玛：很简单。先照顾好你的宝宝，再冥想。如果你选择冥想而不是照顾好孩子，那么在冥想时你就只会想着孩子，而不是自性或神。

修行初期，遵循一个时间表是很有帮助的。一个真正的修行人应该时时刻刻练习自持，不管白天黑夜。

有些人习惯一起床就喝咖啡。如果哪天没有按时喝上，他们就会心神不宁，甚至会肚子痛、便秘和头痛，一整天都被毁了。同样的，冥想、祈祷和持咒也应该成为修行人生活中不可缺少的一部分。哪怕错过一次，你都该深切地感受到有所缺失，从而产生永不错过任何日常修行的渴望。

个人的努力

提问者：阿玛，有些人说，因为我们的真实本性是梵我，所以就没有必要修行。他们说："我就是'那'——圆满自性，既然我已经是'那'，修行还有什么意义呢？"您觉得这样的人可信吗？

阿玛：阿玛不想说这些人可信不可信。不过，阿玛觉得这样的人要么是装的，要么就是完全被迷惑了，要么就是懒惰。阿玛猜这样的人会不会说"我不是这个身体，所以我不需要吃饭喝水"？

假设他们被带到餐厅吃饭。餐桌上整齐地摆了一桌盘子，但是这些盘子里没有大餐，只有一张纸条。一个盘子里的纸条上写着"米饭"，其他盘子里的纸条上依次写着"清蒸蔬菜"、"甜品"等等。这些人愿意想象自己已经心满意足地吃饱了，完全不饿了吗？

大树蕴藏在种子里。但是，如果种子自负地想"我才不想给土地低头。我是大树，我不需要埋进这肮脏的土壤里"，那会怎样？如果种子是这种态度，那它就不会发芽，也长不出幼苗，并且永远无法长成大树，不能结果，也不能为他人遮荫。只要种子认为自己是大树，那么什么都不会发生，种子就永远都只是种子。所以，做一粒种子，但要心甘情愿地落入大地、进入土壤中，这样大地会照料好它。

恩典

提问者：阿玛，恩典是不是终极的决定性因素？

阿玛：恩典是在正确的时间以正确的比例，为你的行为带来正确结果的因素。

提问者：即便你做事时全身心地投入，那结果也依然取决于你有多少恩典吗？

阿玛：全身心的投入是最重要的。你越投入，你的心就越敞开；你越敞开，体验到的爱就越多；你越有爱，体验到的恩典就越多。

恩典是敞开，它是你在行动的过程中体验到的一种精神力量和洞见。当你遇事时保持敞开的态度，你就是在放下我执和狭隘的见地。你的心会转化成更好的通道，使神圣能量（Shakti）顺畅地流动。神圣能量的流动及其通过我们的行为来示现的就是恩典。

有些人可能是杰出的歌唱家，但是当他们在台上演出时，应当让音乐的神圣能量流经他们。恩典也会随之而来，帮助歌唱家感染听众，让他们沉浸其中。

提问者：恩典的源头在哪里？

阿玛：恩典的真正源头就在你之内。但是，只要你还没有意识到这一点，恩典就看似在那遥不可及的超越之处。

提问者：超越之处？

阿玛：超越之处指的就是源头，是你目前的心智无法了解的境界。当一名歌手发自内心地歌唱时，他或她就连接上了神性，那超越之境。动人心弦的音乐从哪里来？你也许会说来自喉咙或心脏。但是如果你在身体里面找，能找到吗？不能。它来自于超越之处。那个源头就是神性。一旦觉悟，你就会在内在找到那个源头。

舍离：超越一切分类

提问者：成为一个真正的托钵僧（Sannyasin）的意义是什么？

阿玛：真正的托钵僧是超越了一切局限的人，由头脑所制造的局限。目前，我们都被头脑催眠了。但在舍离（Sannyas）的状态里，我们会彻底摆脱催眠的控制。我们就会像从梦中醒来，像醉汉从酒醉中清醒。

提问者：舍离也是指觉悟吗？

阿玛：阿玛宁愿这么说：舍离是一种将一切造物视为神来爱慕的境界。

提问者：谦卑是一个真正托钵僧的标志吗？

阿玛：真正的托钵僧是无法被归类的，他们超越了一切。如果你说某某人很单纯很谦卑，这时仍然有个"某人"感到单纯和谦卑。但在舍离的境界里，那个"某人"，也就是自我，消失了。通常，谦卑是傲慢的反面，爱是恨的反面。然而一个真正的托钵僧既不是谦卑的也不是傲慢的，既不是爱也不是恨。达到舍离境界的人超越了一切，既无所得也无所失。当我们称一个真正的托钵僧"谦卑"的时候，不仅仅是指他没有傲慢，也是指他没有自我。

有人问一位圣人（Mahatma）："你是谁？"

"我不是。"圣人回答。

"你是神吗？"

"不，我不是。"

"你是圣人吗？"

"不，我不是。"

"你是无神论者吗？"

"不，我不是。"

"那你是谁？"

"我是我所是，我是圆满觉性。"

舍离是圆满觉性的境界。

空中的神圣游戏

场景一：印度航空飞往迪拜的航班刚刚起飞，空乘人员正准备提供首次软饮服务。突然在这个时候，机上的所有乘客一个接一个地从座位上站起来，排队走向商务舱。空乘人员吓了一跳，不明白发生了什么事，开始要求大家回到座位上坐好。但是这无济于事。于是他们只好恳请每位乘客配合，让他们先供应完餐食。

"我们想要阿玛的达善！"乘客们喊道。

"我们明白，"空乘人员答道，"但是请你们再耐心地等一等，让我们先发完餐食。"

最后，乘客们终于听从空乘人员的请求，回到了自己的座位上。

场景二：餐食服务终于结束了，空乘人员暂时充当起达善队伍的秩序维护员，引导达善队伍慢慢地向阿玛的座位移动。由于时间仓促，没有发达善号码牌。尽管如此，空乘人员还是做得很好。

场景三：得到阿玛的达善后，乘客们看上去都很开心放松，高高兴兴地回到了各自的座位上。现在所有的机组成员，包括机长和副机长，也开始排队。显然他们一直在等着轮到自己的这一刻。现在每个人都得到了一个母亲般的拥抱，也得到了阿玛充满爱与恩宠的耳语，以及阿玛那令人难忘的灿烂笑容和她祝福过的糖果（Candy Prasad）。

场景四：同样的情景也发生在返程的航班上。

同情与慈悲

提问者：阿玛，什么是真正的慈悲？

阿玛：真正的慈悲是有能力知晓那超越之境。只有拥有这个能力的人，才能真正地帮助和提升他人。

提问者：超越什么？

阿玛：超越身心世界及一切表象。

提问者：阿玛，那同情和慈悲有什么区别呢？

阿玛：慈悲是你从一位真正上师那里获得的真正帮助。上师知晓那超越之境。而同情是你从身边人那里获得的暂时帮助。同情无法穿透表象，无法超越。慈悲是恰如其分的理解，带着对人、对情境、对他人真实所需的深度知晓。同情则肤浅一些。

提问者：您怎么分辨这两者呢？

阿玛：这很难。不过，让阿玛给你举个例子：在手术后的第二天或第三天，外科医生会指导病人下床走路。即使是在大手术后，这也并不少见。如果病人不愿意照做，一个好医生仍会强迫病人下床走路，因为他知道不这样做的后果。病人的亲属看到病人的痛苦和挣扎，可能会说："医生真残忍。他不愿意，为什么还要强迫他？太过分了！"

在这个例子中，病人亲属的态度可以说是同情，而医生的态度则是慈悲。那么在这种情况下，到底是谁在帮助病人，医生还是亲属？如果病人想："这个医生真没用，他凭什么指导我？他有多了解我？就让他唠叨去吧，我才不听呢。"这样的态度永远帮不了病人。

提问者：同情会有害吗？

阿玛：如果我们不小心，在不了解具体情况的微细层面，和对方心理状态的情况下表达同情，就有可能有害。过于爱听同情的话是很危险的。这甚至会变成一种执迷，人们在自己周围建立起一个茧状的小世界，这会逐渐毁掉他们的辨别力。人们听到同情的话语后也许会感到安慰，但却可能再也不会付出努力走出困境了，并在无意识中一步步走向黑暗。

提问者：阿玛，您说的"茧状的世界"是什么意思？

阿玛：阿玛的意思是，你会失去深入地看向内心的能力，去看清事情的本质。你会太过重视别人的意见，盲目地相信他人，而不是恰当地运用自己的辨别力。

同情是肤浅的爱，无法洞悉问题的根源；而慈悲是能洞悉到问题的真正根源，并能恰当处理的爱。

真爱无畏

提问者：阿玛，什么是真爱？

阿玛：真爱是一个无所畏惧的境界；而恐惧是妄心的主要组成。所以，恐惧和真爱无法共存。爱越深，恐惧就会慢慢减少。

只有当你认同身心世界的时候，才会有恐惧。超越妄心的弱点，并安住在爱中，就是神性。你的爱越多，内在的神性展现得就越多；你的爱越少，恐惧就越多，你就越偏离生命的中心。无所畏惧正是真爱者最伟大的品质之一。

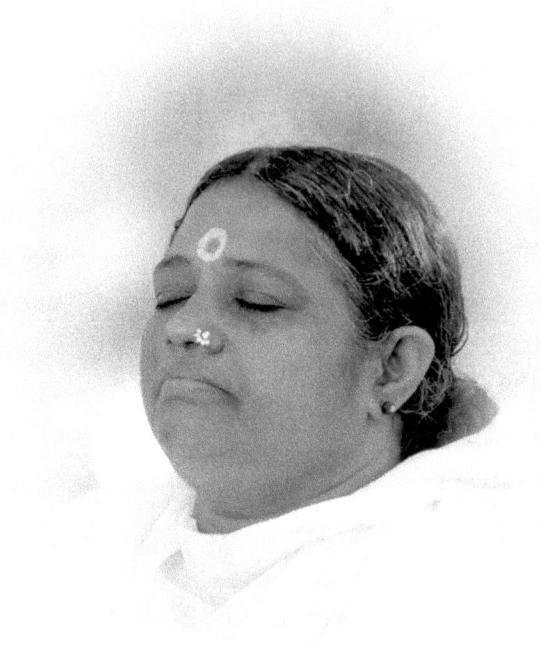

该做的和不该做的

提问者：阿玛，在修行中，培养纯洁及其他道德品质被认为是很重要的。但有些新世纪导师却觉得没有必要。阿玛，您怎么看呢？

阿玛：在修行中，培养道德品质的确非常重要。每条路，无论是修行之路还是世俗之路，都有该做的和不该做的。如果不遵循这些准则，就会很难获得想要的结果。想要的结果越微妙，通往它的路就越难走。觉悟是人生中最微妙的体验，所以会有非常严格的准则。

一个病人不能想吃什么就吃什么，想喝什么就喝什么，他的饮食和活动受到病情的限制。如果病人不控制饮食和活动，就会影响治疗。如果病人不遵医嘱，病情甚至会加重。如果病人说："我非得遵守这些规则吗？"，这样问明智吗？

有些音乐家为了让他们的音乐技能日臻完善，每天要练上18个小时。无论你对什么领域感兴趣，修行、科学、政治、体育还是艺术，你在该领域的成功和进步，完全取决于你应对的方式，还有为了实现目标所下的功夫，以及你有多遵守那些必要准则。

提问者：那么，纯洁是觉悟的必备品质吗？

阿玛：可以是纯洁，也可以是爱、慈悲、宽恕、耐心或毅力。选择一个品质，带着最大的信念和乐观的态度去培养它，其他的品质也会自然而然地产生。这么做是为了超越妄心的局限。

把自己奉献给世界的阿玛

提问者：阿玛，您对您的弟子有什么期待吗？

阿玛：阿玛对任何人都没有任何期待。阿玛已经把她自己奉献给了全世界。一旦你变成了奉献，又怎么会对任何人有任何期待呢？所有的期待都源于我执。

提问者：但是阿玛，您常常讲到对上师的臣服，这难道不是期待吗？

阿玛：阿玛是讲对上师的臣服，但并不是因为她期待她的孩子们向她臣服，而是因为那是修行的关键。上师把自己所有的一切都奉献给了弟子。上师自己就已经完全臣服，上师的生命状态正是他或她所给予和教导弟子的。这个发生是自然而然的。弟子接受还是拒绝，取决于弟子的成熟度和理解力。无论弟子的态度如何，上师都会一直给予。上师只会这样。

提问者：当弟子向上师臣服时，会发生什么？

阿玛：那会像一盏油灯被主灯点亮，弟子也会变成指引世界的光，也会成为大师。

提问者：在这个过程里，最能帮助到的是上师的相，还是上师无相的那一面？

阿玛：两者都有帮助。无相的觉性通过上师示现真爱、慈悲与臣服来启发鼓舞弟子。

提问者：那么弟子臣服的是有相的上师还是无相的觉性？

阿玛：一开始臣服的是相。但最终还是臣服于无相的觉性，这也是弟子觉悟的时刻。即使在修行的初期，当弟子臣服于上师时，事实上，弟子真正臣服的还是无相的觉性，只是弟子并没有意识到而已。

提问者：为什么？

阿玛：那是因为弟子所知仅限于这个身体，完全不知道什么是觉性。

一个真正的弟子会持续地膜拜上师的相，以感激上师在修行之路上赐予自己恩典与指引。

上师的相

提问者：您能简单地解释一下上师的相的本质意义吗？

阿玛：上师既有相又无相，就像巧克力一样。你把巧克力放入口中的那一刻，它就会融化于无形，变成你的一部分。同样的，当你真正吸收了上师的教义并把它变成你生活的一部分时，你就会意识到上师是无相的圆满觉性。

提问者：那我们是不是应该吃掉阿玛？

阿玛：好，吃掉阿玛吧。她非常乐意成为你们灵魂的食物。

提问者：阿玛，谢谢这个巧克力的例子，让我一下子就明白了。因为我很爱吃巧克力。

阿玛：（笑）但是不要爱上它哦，因为对你的健康不好。

完美的弟子

提问者：做个完美的弟子能获得什么？

阿玛：成为完美的大师。

提问者：您会怎么形容自己呢？

阿玛：肯定不是某个什么。

提问者：那是什么？

阿玛：是无。

提问者：意思是一切？

阿玛：意思是她永远都在，每个人都可以随时接近她。

提问者：您说的"每个人"是指那些来见您的人吗？

阿玛："每个人"指的是任何心扉敞开的人。

提问者：那些心门紧锁的人就接近不了阿玛了吗？

阿玛：无论是否接受阿玛，人人都可以来到阿玛身边。但是，只有那些心扉敞开的人，才能体验到她。花儿一直就在那儿，但是只有心扉敞开的人才能体验到它的美丽和芬芳。鼻塞的人是闻不到花香的。同样的，心门紧锁的人也无法体验到阿玛所给予的。

不二论和造物

提问者：阿玛，关于"造物"这个问题有些相互矛盾的观点。那些遵循虔诚爱之道的人说，神创造了这个世界；然而，不二论者（Vedantin）认为一切由心念所造，所以，只要心念存在世界就存在。这两个观点哪个对？

阿玛：两个都对。信徒将至尊的神看作世界的造物主；不二论者将梵（Brahman）看作根本原则，它是无常世界的基础。对不二论者来说，世界是心念的投影；

对信徒来说，世界则是他们挚爱之神的游戏（Lila）。这两种观点看上去好像完全不同，但当你深入领会时，你会发现它们基本是一回事。

名、相与心念相关。当心念不复存在时，名、相也随即消失。这个世界，或造物，是由名和相构成的。只有造物存在时，神或者造物主才有意义。甚至神也有名和相。这个有名有相的世界若要存在，就需要有个相应的因，我们将这个因称为神。

真正的不二论是最高形式的知识。阿玛所讲的不二论不是写在经书里的知识，也不是那些所谓的不二论者所空谈的不二论。阿玛所说的不二论，指的是一种至高的体验，一种生活之道，一种平静面对人生一切境遇的心态。

然而，这并不容易。除非你内在有一种质变，否则这种体验不会发生。这个在智力和情绪层面上突破性的质变，会让你的心变得精微、扩展和强大。你的心越精微越扩展，就越接近"无心"。渐渐地，心念会消失。当心念不复存在，哪里有神？哪里又有世界或者造物？但这并不是说世界会从你眼前消失，而是说你会有一个质变，在万物中见到一体性。

提问者：这是说在那个境界里连神也是虚幻的吗？

阿玛：是的，从终极角度来说，有相的神也是虚幻的。

但是，这取决于你内在体验的深度。不过，那些所谓的不二论者自负地认为神和女神的相不重要，这样的态度是不对的。要记住，在修行之路上我执永远不会有帮助，只有谦卑才会。

提问者：这一点我明白。但是阿玛，您也说了，从终极角度来说有相的神是虚幻的。那您的意思是，各种神和女神的相只是心念的投影吗？

阿玛：终极来说是这样。凡是会消亡的都不是真实的。一切相，甚至是神和女神的相，都有开始和终结。一切生灭都是在意识层面，与起心动念相关。凡是意识层面的东西都会改变，因为它存在于时间里。唯一不变的真理是永远存在的，是意识的基础。那就是梵我（Atman）——生命存在的终极状态。

提问者：如果连神和女神的相都不是真的，那建造庙宇和膜拜他们又有什么意义呢？

阿玛：不是这样的，你没明白我的意思。你不能就这样摒弃神和女神。对那些仍然认同心念的人，没有达到至高境界的人而言，这些相的确是真实不虚的，而且对他们的修行非常有必要，有极大的帮助。

一个国家的政府由若干部门组成，上有总统或总理，下有若干部长，往下有各种政府官员和不同部门，还有服务人员和清洁工。

假设你想办件事。如果你认识总统或总理，或跟他们有关系的话，你会直接去找他们，办起事来就会容易和顺利得多。不管你需要什么，都会立刻得到解决。但是大部分的人都没有这样的关系。为了把事办成或想要联系上级主管，就只能遵循常规流程——联系初级官员或下级部门，有时候甚至只能联系到普通职员。同样的，只要我们还处于物质层面，认同心念，我们就需要接受并认识到神性不同的相，直到我们与纯粹能量的内在源头建立起直接的联系。

提问者：但是不二论者通常都不同意这个观点。

阿玛：你说的是哪些不二论者？一个像受训的鹦鹉或者录音机一样复述经文的不二论书虫可能不会同意，但是一个真正的不二论者肯定会同意。不接受这个世界和虔诚爱之道的不二论者，不是真正的不二论者。接受这个世界并认识到其中的众多现象，但与此同时在众多现象中看见那同一真理的，才是真正的不二论。

轻视爱之道的不二论者，不是真正的不二论者也不是真正的修行者。真正的不二论者不可能不带着爱去修行。

只要你以正确的态度修行，相会把你引领到无相的境界。相（Saguna）是无相（Nirguna）的示现。如果连这个简单的原则都不明白，那自称不二论者又有什么意义呢？

提问者：阿玛，您说信徒将世界看作是神的游戏（Lila），游戏是什么意思？

阿玛：游戏是对出离心的定义。那个纯然观照（Sakshi）而不使用任何形式的权威的终极境界，被称为游戏。当我们完全脱离心念及其各种投射时，怎么可能还会有执着或权威感呢？观照内境和外境而不涉入其中，是真正的乐趣，一个美丽的游戏。

提问者：我们听说阿玛之所以停止示现克里希那相（Krishna Bhava[2]）是因为您当时所处的那种游戏状态？

阿玛：那是其中一个原因。克里希那是出离的。虽然他积极地参与生活中的一切，但内在是全然出离、置身事外的。这就是克里希那美丽脸庞上那抹迷人微笑的意义。

在示现克里希那相期间，虽然阿玛也倾听信徒的烦恼，但是她对信徒总是带着更加顽皮和出离的态度。在那个状态里，既没有爱也没有无爱，既没有慈悲也没有无慈悲。所以，信徒在情感上所需要的母亲般的慈爱、依恋以及深切的关怀没有表达出来。那是一种超然的状态。阿玛觉得这对信徒不会有太大帮助。所以，她决定像母亲一样爱她的孩子们，服务他们。

---

[2] 原本，阿玛同时示现克里希那相（Krishna Bhava）和女神相（Devi Bhava）。但她在1983年停止了克里希那相。

你快乐吗?

提问者：阿玛，我曾听您问前来达善的人"你快乐吗？"，您为什么问他们这个？

阿玛：这就像一个邀请，邀请大家快乐。如果你是快乐的，你的心是打开的。这样，神的爱或神圣能量（Shakti）就能流入你。所以，阿玛其实是在告诉那个人要快乐，这样神的能量就能进入他或她的内心。当你是快乐的、敞开的、接纳的，你就会有越来越多的快乐。当你不快乐时，你就封闭了自己，你会失去一切。一个敞开心扉的人是快乐的人,这会将神吸引进你的内心。一旦神安住于内心,你就只会快乐。

一个好榜样

我们抵达圣达菲的这一天，下着毛毛细雨。新墨西哥州阿玛中心的主办人说："在圣达菲总是这样。久旱之后，阿玛一来就会下雨。"

我们到达主办人家门口时，天已经黑了。阿玛慢慢地从车里出来。阿玛一下车，主办人立刻献上她的凉鞋。然后走向车头，准备领阿玛进屋。

阿玛朝车头走了几步，突然转过身说："不行，阿玛不喜欢从车前面走过去，那是车的头部，这样做不尊重。阿玛不想这样做。"说着，阿玛从车后面绕过去，进了屋。这不是阿玛第一次这样做了，每次下车，她都会这样做。

没有比这更能说明阿玛是如何关爱一切生灵的了，甚至非生命物体也是如此。

亲密关系

有位男士在达善时转向我说:"请帮我问问阿玛,我能不能不再约会恋爱了?"

阿玛:(顽皮地微笑着)怎么了,你的女朋友跟别人跑了?

提问者:(看上去很惊讶)您怎么知道?

阿玛:很简单,这种事容易让人有这样的想法。这是人之常情。

提问者:阿玛,我很嫉妒我的女朋友和她的前男友还一直是朋友。

阿玛:这就是你不想再约会和恋爱的原因吗?

提问者:我实在是烦透了生活中老是出现这样的事,我受够了。现在我只想要平静的生活,专心修行。

阿玛没有再问什么,继续给达善。过了一会儿,这位男士问我:"我想知道阿玛对我有什么建议没?"

阿玛听到他跟我说话。

阿玛:孩子,阿玛以为你已经想好要怎么做了。你不是说你受够了这些事吗?从现在开始你要过平静的生活并专心修行,不是吗?这听起来像是个好办法,那就放手去做吧。

男士沉默了一会儿,但看上去心神不宁。阿玛瞥了他一眼。透过她的神情和笑容,我能看出大师阿玛在转动着她手里那根传说中的搅拌棍,准备搅起他心里的东西,让它们浮出水面。

提问者:就是说阿玛没什么好跟我说的了,是吗?

突然,他可怜地哭了起来。

阿玛:(擦拭他的眼泪)好了,我的孩子,你到底怎么了?坦白告诉阿玛吧。

提问者:阿玛,一年前我在您的活动中遇见了她。当我们看向彼此的眼睛时,就知道我们注定要在一起。我们就这样开始了。而现在,她的前男友突然出现了。她说他只是个朋友,但是有很多事情让我强烈地质疑她的话。

阿玛:什么事让你质疑她的话呢?

提问者:就像这次,我和她的前男友都在这儿参加阿玛的活动,但是她跟前男友在一起的时间比跟我在一起的时间还多。我很难过,不知道该怎么办,也很沮丧。我都无法专注在阿玛身上了,可这才是我来这里的目的呀。我的冥想深入不了,甚至连觉也睡不好。

阿玛:(开玩笑地说)你知道吗,说不定他在赞美她说:"亲爱的,你是世界上最美丽的女人。认识你之后我心里只有你，想都不会想其他女人。"他可能向她表达更多的爱，多听她说，甚至被激怒时也不回嘴。除此之外，他肯定还给她买很多巧克力！跟你在一起可不是这样的，她可能觉得你老是欺负她，找茬儿跟她吵架等等。

听到这些话，这位男士和围坐在阿玛身边的信徒们放声大笑。不过，他也老实坦白，他差不多就是阿玛所说的那样。

阿玛：（轻拍他的背）你恨她，生她的气吗？

提问者：是的。但我更生他的气，搞得我心烦意乱！

阿玛摸了摸他的手心，很热。

阿玛：她现在人在哪儿？

提问者：就在附近。

阿玛：（用英语说）去跟她谈谈。

提问者：现在吗？

阿玛：（用英语说）是的，就现在。

提问者：我不知道她在哪儿。

阿玛：（用英语说）去找她。

提问者：好，我会的。但是我得先找到他，因为她会跟他在一起。那您告诉我，阿玛，我应该继续这段感情还是结束它？您觉得我们的关系能恢复吗？

阿玛：孩子，阿玛知道你仍然迷恋她。最重要的是，你自己得确定，你称之为爱的这个感情其实不是爱，而是执着。只有确信这一点才能帮你摆脱焦躁的心情。无论你们的关系是成功还是失败，如果你搞不清楚执着与爱的区别，你会继续受苦。

阿玛给你讲个故事。曾经有一位高级官员去视察一家精神病院，医生带他四处参观。在一个单间病房里，他看到一个病人坐在椅子上前后摇晃，嘴里念叨着"普普，普普，普普"。这个官员向医生询问他的病因，问他念的名字是不是与他的病情有关。

医生回答说："他的故事挺惨的，长官。普普是他爱上的一个女孩，但她甩了他，跟别的男人跑了。从那以后，他就疯了。"

"可怜的家伙。"官员边说边往前走。这时，他惊讶地发现，隔壁病房里的病人嘴里也念叨着"普普，普普，普普"，并不停地用头撞墙。官员很困惑，转头问医生："这是怎么回事？为什么这个病人也在重复念同一个名字？有什么关系吗？"

"是的，长官，"医生回答说，"这就是最后娶了普普的那个男人。"

这位男士哈哈大笑起来。

阿玛：你看，孩子，爱就像一朵绽放的花儿，你不能强迫花儿绽放。如果你强行把花打开，所有的美丽和芬芳都会被毁掉，你和其他人都无法受益。相反，如果你让它自然绽放，你就能体验到花朵的芳香和它多彩的花瓣。所以耐心些，多多观察自己。做一面镜子，看看你哪里做错了，怎么做错的。

提问者：我在想，只有跟神结婚，我的嫉妒和愤怒才会消失。

阿玛：是的，你说的没错。做神的新娘。只有与真理结合才能让你超越一切，找到真正的平静和喜悦。

提问者：您会帮我吗？

阿玛：阿玛的帮助永远都在，你只需要看到并接受它。

提问者：太感激您了，阿玛。您已经帮助我了。

上师会做什么

提问者：阿玛，上师会为弟子做什么？

阿玛：上师会帮助弟子看到自身的弱点。

提问者：那会怎么帮到弟子？

阿玛：真正地"看到"意思是意识到并接受。一旦弟子接受自己的弱点，就更容易克服它。

提问者：阿玛，您说的"弱点"，指的是我执吗？

阿玛：愤怒是弱点，嫉妒是弱点，憎恨、自私和恐惧都是弱点。是的，所有这些弱点的根源都是我执。具有一切局限性和弱点的妄心就叫做自我。

提问者：所以，基本上您是说，上师的任务就是破弟子的我执。

阿玛：上师的任务是帮助弟子认识到，这个被称为自我的渺小现象是微不足道的。它就像一盏小陶灯里燃起的火苗。

提问者：认识到自我的微不足道为什么这么重要？

阿玛：那是因为，关于自我，没有什么新的或者值得关注的东西。当太阳的灿烂光辉就在这儿，何必挂碍这个随时都会熄灭的小火苗呢？

提问者：阿玛，您能否再解释一下？

阿玛：你就是圆满，你就是神性。跟这相比，自我只是一撮小火苗而已。所以，一方面，上师去除你的自我；然而另一方面，上师赐予你圆满。上师让你从乞丐变成国王，宇宙的国王。上师将你从一个区区的接收者变成给予者，将一切给予那些接触到你的众生。

圣人的行为

提问者：无论圣人做什么是不是都有其内在含义？

阿玛：最好是说，觉者所做的每一件事都蕴含着一个神圣启示，传达更深刻的生活宗旨。甚至是看上去毫无意义的事情也都蕴含着启示。

曾经有位圣人，他在世时只做一件事，就是把一块巨石推到山顶。他从不抱怨，也不觉得无聊。人们以为他疯了，但是他没有。有时候，他要花上好几个小时甚至好几天，才能独力把巨石推到山顶。一旦抵达山顶，他会让巨石滚下山。看着巨石从山顶滚落到山脚，圣人会像一个孩子拍手大笑。

我们在任何领域想要有所提升，都需要有很大的勇气和精力。但若要摧毁我们辛勤劳作所获得的一切，只需一瞬间。甚至道德品质也是这样。另外，这位圣人对他辛苦推巨石上山所付出的真诚努力一点都不执着，这就是为什么他能笑得像个孩子——那是出离的笑。可能这就是他想教给人们的。

人们也许会自行解读和评判圣人的行为。这仅仅是因为他们的心缺乏敏锐度，无法洞见本质。人们有期待，但是一位真正的圣人不会去满足任何人的期待。

阿玛的拥抱唤醒人们

提问者：如果有人跟您说，他们也能做您在做的事——拥抱人们，您会怎么回答？

阿玛：那就太好了。这个世界需要更多的慈悲心。如果还有人带着真爱和慈悲拥抱人们，以此作为他们的职责（Dharma）来服务人类，阿玛会非常高兴。因为一个阿玛是无法拥抱全人类的。但是，一位真正的母亲永远都不会宣扬她为孩子们所做的牺牲。

提问者：阿玛，您拥抱人们时会发生什么？

阿玛：阿玛拥抱人们，那不仅仅是身体的接触。阿玛对一切众生的爱会涌向每一个来到她面前的人。爱的纯净能量会净化人们，这会有助于他们的内在觉醒和心灵成长。

现今世界的男人和女人都需要唤醒内在的母性。阿玛的拥抱就是在帮助人们意识到这个普世的需求。

爱是众生皆懂的唯一语言，爱是普世的。爱、和平、冥想和解脱都是普世的。

如何把世界变成神

提问者：作为一个在家人，我有很多责任和义务。对此，我应该持有什么样的态度呢？

阿玛：无论你是在家人还是出家人，最重要的是你如何看待和反省人生及其体验。如果你的态度是积极的、接纳的，那么即使活在尘世也与神在一起。这样世界就变成了神，你每时每刻都能体验到神的存在。但是负面的态度却会带来相反的结果——那你就选择了与魔鬼在一起。一个诚心的修行人该专注的是了解自心和它的习气，同时不断地付出努力超越它们。

曾经有人问一位圣人："尊者，您确定您死后会去天堂吗？"

圣人回答："当然会。"

"但是您怎么知道？您还没死，而且您也不知道神在想什么。"

圣人回答："你看，我的确不知道神在想什么，但我知道我在想什么。无论我在哪里我心里都是快乐的。所以，就算在地狱我也会是快乐和平静的。"

快乐和平静本身就是天堂。一切都取决于你的心。

阿玛话语的力量

我有个经历,不只一次而是上百次了。假如有人来问我问题,或者有个严肃的事,我会尽量用生动又有逻辑的方式来回应。

提问的人会发自内心地表示感谢,离开的时候看上去好像对我的解答很满意。看着他们离开,我心里还会有些得意。但很快我就看到同一个人去找另一位斯瓦弥(Swami)问同样的问题,显然对我的建议并不满意。这个人会继续烦恼下去。

最后他们去找阿玛。阿玛也用类似的方式回答问题。我是说，她说的话，有时甚至连举的例子都一样。但是这个人却突然有了变化，怀疑、恐惧和悲痛的阴霾一扫而光，脸上也露出了笑容。的确有很大的不同。

我经常想："怎么就有这么大的区别呢？阿玛并没有说什么新的东西，但影响却这么大。"

就拿下边的故事举个例子：一次闭关活动里，在阿玛发放午餐的时候，有一位在美国住了25年的印度医生来找我，说："这是我第一次见阿玛，我想跟您或其他斯瓦弥聊一聊。"

然后她告诉我一个悲伤的故事。几年前，她的丈夫去喜马拉雅山脉的冈仁波齐山朝圣。在那里，他心脏病发作，当场死亡。这位女士陷入痛苦和哀伤中无法释怀。她说："我对神很愤怒，神太无情了。"我满怀同情地听着她的故事。

然后我跟她聊起来，讲到死亡的真义，试图以此说服她，并分享了几个阿玛的例子。

末了我告诉她，事实上，她的丈夫在湿婆神的神圣住所呼出最后一口气，这是极其幸运的。我提醒她："他的死很庄严。"

最后，在这位女士离开时，她说："非常感激您，但是，我还是很痛苦。"

第二天，这位女士来达善。还没等我把她的故事告诉阿玛，阿玛深深地看入她的双眼，用英语问："伤心吗？"

阿玛显然感受到了她深切的悲恸。在我给阿玛讲述她的故事时，阿玛把她紧紧地抱在怀里，给她极大的温暖。过了一会儿，阿玛轻轻地托起女士的脸，再次深深地凝视她的眼睛。阿玛说："死亡不是终结，不是湮灭，而是新生命的开始。你的丈夫很幸运，阿玛看到他很快乐，很安宁。所以不要伤心。"

这位女士突然停止了哭泣，神情也平静了许多。

那天晚上，我又看到了她，她看起来如释重负。她告诉我："我现在心里特别平静。阿玛给了我好大的加持。我不知道她是怎么把我的悲伤一下全拿走的。"

后来，我脑子里带着这个问题来问阿玛："阿玛，为什么您的话能给人带来这么巨大的变化呢？为什么我们说就不一样呢？"

"那是因为你们与这个世界结婚了，与神性离婚了。"

"阿玛，我的头脑需要更多的答案，您再多解释一些好不好？"

"与这个世界结婚的意思是，'认同心念'，这导致你们执着于这个多样化世界及其中的人事物，使你们与内在的神性分离或离婚。"

"这就像一种催眠状态。当我们摆脱头脑的催眠时，内在的离婚就发生了。在那个状态里，你可能仍然过着正常的世俗生活，但是，你内在与神性的结婚或结合，会帮助你看清这个世界的虚妄和无常。因此，你能保持不为所动或出离，不再受到这个世界及其人事物的催眠。这就是觉悟的至高境界。就是觉悟到与这个世界的结合或结婚是不真实的。真理存在于与神性的重新结合并保持永恒的婚姻。毗林达梵（Vrindavan）的牧牛女们（牧牛人的妻子）把自己当作主克里希那的新娘。在内心里，她们嫁给了他或神性，与世界离婚了。"

科学家与圣人

有位信徒问了一个关于无信仰者的问题。

阿玛：当科学家谈论月亮和火星时，我们难道不是相信他们吗？可是我们有多少人能证实他们所说的就是真的呢？尽管如此，我们还是相信科学家和天文学家的话，不是吗？同样的，古圣先贤们在他们的心灵实验室进行了多年的实验，并觉悟到至高无上的真理，也就是宇宙的本质。正如我们不懂科学家谈论的内容但还是相信他们所说的一样，我们也应当相信安住于真理之中的大师们的话。

如何超越念头

提问者：阿玛，我们的念头似乎没有尽头，越冥想念头反而越多。为什么会这样？我们怎么才能消除这些念头并超越它们呢？

阿玛：这些念头事实上是没有活性的，妄心就是一堆念头。它们的能量来源于梵我。我们的念头是我们自己的创造。我们配合念头，它们就变得像真的一样。如果我们不配合，它们就会消融。仔细观察这些念头，不要给它们贴标签，然后你就会看到它们逐渐消失。

你的妄心在生生世世的轮回中不断地积累念头和欲

望。所有这些情绪都深深地埋藏在内心。你在心的表层所看到或体验到的，只是深藏于你内心的一小部分情绪而已。当你试图通过冥想来静心时，这些念头就会慢慢地浮出表面。这就像久未清洗的地板，一旦开始打扫，脏东西就会越扫越多，这是因为多年以来地板上已经积累了太多灰尘污垢。

妄心也是这样，以前我们从未注意过心里的念头。我们的妄心也像那块脏地板，长久以来一直在积累各种念头、欲望和情绪。我们只注意到表层的那些，但在表层之下，还积压着无数层的念头和情绪。好比在清洗地板的过程中，越来越多的的污垢会浮上表面一样；随着我们冥想的深入，念头也会变得越来越明显。继续清洗，它们会消失的。

其实它们的浮现是好事，因为一旦你看到并认清它们，就更容易去除它们。不要失去耐心，持之以恒地修行，最终你会获得力量超越它们。

暴力、战争及解决之道

提问者：人们能做什么来终止战争和苦难？

阿玛：要多一些慈悲，多一些理解。

提问者：这个方法不太可能立即见效。

阿玛：立即见效的方法几乎是不存在的，短期方案可能也行不通。

提问者：但这不是热爱和平的人想要的，他们想要的是立即见效的方法。

阿玛：那非常好，就让这个想要快速解决的愿望不断增长吧，让它变成强烈的渴望。只有在这种强烈的渴望中，才能发展出立即见效的解决方法。

提问者：很多求道者认为，外在的暴力和战争只是内在暴力的显现。您怎么看呢？

阿玛：确实如此。不过有一点需要明白，人心有暴力的一面，但也有和平快乐的一面。如果人们真的想要，他们在内在和外在都能找到和平。为什么人们更关注心里的攻击性和破坏性？为什么完全忽视同样的心也有无限的慈悲和高度的创造力？

归根结底，所有的战争都不过是人想要表达其内心的暴力。人心有粗陋的、未发展或未进化的一面，战争就是那一面的产物。人的好战心只是证明了我们未进化的那一面没有成长。除非我们成长，不然战争和冲突还会继续存在。找到正确的成长方法，并付诸实践，才是应对战争和暴力的良性解决之道。

提问者：那个解决之道指的是心性之道？

阿玛：是的，是心性之道，就是转化我们的思维，超越心理弱点和局限。

提问者：您觉得不同信仰的人都会接受这点吗？

阿玛：无论他们接不接受，这是真理。只有当宗教领袖积极主动地传播他们宗教的真义时，当前的局势才能改变。

提问者：阿玛，您认为所有宗教的真义都是心性之道吗？

阿玛：阿玛不是认为，阿玛是坚信。这是真理。

其实，人们没有恰当地理解宗教及其基本原则，甚至曲解了。世界上的每一个宗教都有两个层面：外在和内在。外在是哲学或知识层面，内在是心性层面。那些过度执着于宗教外在层面的人会被误导。宗教是个指针，它们都指向一个目标，这个目标就是觉悟。为了实现这个目标，人们必须超越指针本身，也就是文字。

举个例子：你要过河，就必须乘船。一旦船靠岸了，你必须下船，继续前行。这时如果你坚持说："我好爱这条船啊，我不想下船，我要呆在这儿"，那你就到不了对岸。宗教就是这条船，我们用它来渡过人生谬见的海洋。如果不理解和践行这一点的话，无论外在还是内在，都不会有真正的和平。

宗教就像围栏，保护树苗不被动物破坏。一旦树苗长成大树，就不再需要围栏了。所以我们可以说，宗教就像围栏，觉悟就像大树。

有人指向树上的果子，你顺着指尖向上看。如果不看向指尖的上方，你就看不到果子。当今社会，各宗教流派的人士都没看到果子，他们太执着，甚至太痴迷于指尖——也就是他们宗教的文字和外在层面。

提问者：您认为社会在这方面的认知不够吗？

阿玛：人们的确做了很多工作来提高这方面的觉知。但是我们现在所处的时期太黑暗了，我们需要觉醒并且更加努力。当然，有些个人和组织机构在做相关的工作来提高大家的觉知，但仅仅通过组织会议与和平会谈无法达成这个目标。真正的觉知只有通过修持才能产生。这应该是内在的体验。所有致力于建立一个没有战争的和平世界的个人和组织机构，都需要重视这一点。和平不是智力训练的产物，而是一种感受，更确切地说，它是一种内在的绽放，是我们通过正确渠道引导能量的结果。这就是修持的作用。

提问者：您会怎样描述当前的世界局势呢？

阿玛：母亲子宫里的胎儿，最开始的形状像条鱼，到最后几乎像只猴子。虽然我们自称是文明人，在科学领域里取得了巨大飞跃，但是我们的很多行为说明，我们的内心仍旧停留在子宫里那个最后的阶段。

其实，阿玛会说人的心比猴子要厉害多了。猴子只能在树枝之间、树与树之间跳来跳去，但是人的猴子心跳得远得多。它可以跳到任何地方，跳到月亮上或喜马拉雅山顶上，从现在跳到过去和未来。

为了结束痛苦带来和平，只有依照正知见改变内在才行。然而大多数人都很固执，他们的口号是"只有你改变了，我才会改变"。这对谁都没有帮助。如果你先改变了，其他人自然也会跟着改变。

基督和基督教

提问者：我一出生就是基督徒，我爱基督，但也爱阿玛，您是我的上师。可是我的两个儿子却让我很为难，他们是教堂和耶稣的坚定追随者，除此之外什么都不信。他们总是跟我说："妈，我们很难过，我们在天堂将见不到你。因为不追随基督你会下地狱的。"我试图跟他们沟通，但他们根本不听。阿玛，我该怎么办呢？

阿玛：阿玛完全理解他们对基督的信仰。其实，阿玛由衷地欣赏并且尊重那些对自己的宗教和神明非常虔诚的人。但是，说其他人不信基督就会下地狱是完全错误和荒谬的。基督说"爱邻如己"，他并不是指"只爱基督徒"，对不对？正是由于缺乏爱，不顾及他人的感受，才会说出"除了基督徒，其他人都会下地狱"这样的话。这是个谎话。说谎与神背道而驰。而神性在于真实，因为神就是真理。神性在于关怀和爱护他人。

诸如"不追随基督你们都会下地狱"这样的说法毫不尊重他人，缺乏仁慈。说基督之前的所有古圣先贤以及无数的人下地狱，这是多么傲慢和冷酷。这些人是在声称神性的体验只有两千年的历史吗？还是他们想说神只有两千岁？这本身就违背了神的本质，神是遍一切处、超越时空的。

耶稣是神的化身，阿玛对此绝无异议。但这并不代表在耶稣之前和之后的伟大化身都不是神的化身（Avatar），或者没有能力拯救那些信仰他们的人。

基督不是说过"天堂就在你之内"吗？多么简单明了。这句话是什么意思呢？意思是神就在你之内。如果天堂在你之内，那么地狱也在你之内。这就是你的心念。心念是一个非常有效的工具，我们既能用它来创造天堂，也能用它来创造地狱。

所有的圣人，包括基督，都非常重视爱与慈悲的品质。事实上，爱与慈悲是所有真正宗教的根本原则。这些圣洁品质是一切信仰的基础。如果不接受圆满觉性是一切万有的基础原则这个事实，一个人是不可能爱他人和对他人慈悲的。说"我爱你，但你得是基督徒"，就好像在说"只有基督徒才有觉性，其他人都没有生命"。否定圆满觉性就是否定爱与真理。

孩子，至于你要怎么面对这个问题，阿玛觉得让你的孩子改变想法并不容易，也没有必要。就让他们追随他们的信仰，你追随你的心，默默地继续做你认为对的事情。毕竟，你内心的深刻感受才是真正重要的。

做一个好的基督徒、印度教徒、佛教徒、犹太教徒，或者伊斯兰教徒，但是永远都不要失去自己的辨别力，变成一个以宗教为名的疯狂之人。

传授基督咒

有一个年轻的基督徒向阿玛要梵咒（Mantra），阿玛问他："谁是你挚爱的神？"

他说："我听您的，阿玛。您选哪个神，我就念哪个咒。"

阿玛回答："这不行，阿玛知道你生来就是基督徒，在基督家庭长大，所以这个印记（Samskara）在你身上是根深蒂固的。"

年轻人想了一会儿，说："阿玛，如果您让我自己选，那就请您传我迦梨咒吧。"

阿玛和蔼地拒绝了他的请求，说："阿玛知道你想让她高兴。但对阿玛来说，你念迦梨咒还是基督咒都没关系。你应该对自己坦诚，对阿玛坦诚，这个态度才会真正让阿玛高兴。"

"可是，阿玛，我也念湿婆咒（Mrityunjaya Mantra）和其他的印度祈祷文呀。"他想说服阿玛。

阿玛回答说："是这样没错，但你必须念基督咒，因为那是你的主导印记。如果念其他的咒，你会很难一直坚持下去，以后头脑里肯定会有冲突。"

然而，年轻人还是坚持让阿玛为他选一个梵咒，或者传他迦梨咒。阿玛最后说："好吧，孩子，你先静坐冥想一会儿，咱们再看。"

几分钟后他结束了冥想，阿玛问他："现在告诉阿玛，谁是你挚爱的神？"年轻人只是微笑。阿玛又问："基督，是不是？"他回答："是的，阿玛，您是对的，是我错了。"

阿玛告诉他："对阿玛来说，基督、克里希那和迦梨都没有区别。不过对你来说，尽管不是有意识地，但潜意识里仍会感到有区别。阿玛想让你认识到这一点，并接受它。所以她才让你冥想。"

年轻人听了很高兴，于是阿玛给他传授了基督咒。

充满妄想的求道者及出路

提问者：阿玛，有些人苦修了很多年还是充满妄想，甚至还有人宣称自己已经解脱了。我们怎么帮助这样的人呢？

阿玛：如果他们自己不觉得需要帮助，谁又能帮得了他们呢？想要从妄想的黑暗中走出来，就必须先知道自己在黑暗中。这是一种很复杂的心理状态。这些孩子被困住了，他们很难接受真理。一个真正破了我执的人，怎么可能像这些孩子一样说出这种话呢？

提问者：是什么让他们陷入这种妄想中呢？

阿玛：是他们对心性之道和自我参悟（Self-enquiry）的错误理解。

提问者：他们还有救吗？

阿玛：只有他们想要得救才行。

提问者：难道神的恩典救不了他们吗？

阿玛：当然能，但是他们有敞开心扉接受这个恩典吗？

提问者：恩典和慈悲心是无条件的，但敞开心扉是个先决条件，对吗？

阿玛：敞开心扉不是先决条件，而是个基本需要，跟吃饭睡觉一样，必不可少。

真正的上师助你解脱

提问者：有些人认为，想要觉悟不需要上师的导引。阿玛，您怎么看呢？

阿玛：一个双目失明的人看到的只有黑暗，所以他会求助。但是，那些心灵上的"盲人"，却不明白这一点，即使明白，他们也不接受。所以，他们很难去寻求指引。

人们有不同观点，也有表达它们的自由。才智高的人能证明或反驳很多论点，但是他们的观点不见得是真理。人才智越高，我执就越强。这样的人不容易臣服。如果自我不臣服，就体验不到神性。我执很强的人，总会为他们自私的行为找各种理由。如果有人宣称觉悟之路上不需要上师的指引，阿玛觉得，这样的人害怕臣服，或许他们自己想当上师。

虽然神性就是我们的本性，但是我们认同世间的名相太久了，误以为这些才是真的。现在是时候放弃对名相的认同了。

纯真的奉献

一个小女孩来达善的时候,送给阿玛一朵美丽的花。她说:"阿玛,这是从我们家花园采的。"

阿玛回答说:"真的吗?好美的花呀。"阿玛从小女孩手中接过花,谦卑地用额头碰了碰它,好像在向它鞠躬。

阿玛问她:"你自己采的吗?"小女孩点点头。

小女孩的母亲解释说:听说要去见阿玛,女儿特别兴奋,就跑到花园里采了这朵花,当时花瓣上还有几颗露珠呢。女儿把花拿给她看,说:"妈妈,这朵花就像阿玛一样美丽。"

小女孩正坐在阿玛的膝上,突然她紧紧抱住阿玛,亲了亲她的两颊,说:"阿玛,我好爱您呀。"阿玛回吻了小女孩好几下,说:"我的孩子,阿玛也好爱你。"

看着小女孩蹦蹦跳跳地跟着妈妈回到座位上,阿玛说,"纯真多么美好,多么令人心动。"

神的专线

在一次闭关活动的问答环节中，有个信徒忧心忡忡地问："阿玛，成千上万的人都在向您祈祷，我总觉得我向您求助的时候，所有的线路都是忙音。您能告诉我，我该怎么办吗？"

听到这个问题，阿玛大笑起来，回答说："别担心，孩子，你有专线电话。"阿玛的回答让大家都跟着大笑起来。她接着说："事实上，每个人都有一条连通神的电话专线。不过，线路能有多通畅，取决于你祈祷得有多热切。"

好似流水

提问者：阿玛，您日复一日、年复一年地做着同样的事，不停地拥抱人们，您不会厌倦吗？

阿玛：如果河水会厌倦流动，太阳会厌倦照耀，风会厌倦吹拂，那么阿玛也会厌倦。

提问者：阿玛，不管您在哪儿，身边总是围着一群人，难道您不需要一点自由和独处的时间吗？

阿玛：阿玛永远是自由的，也永远是独自一人的。

吠陀梵音和梵咒

提问者：古代的仙人们（Rishis）被称为见到梵咒的圣人（Mantra Drishtas）。这是不是说他们看见了这些清净的音声和梵咒呢？

阿玛：这里的"见"指的是"悟"或者体验，梵咒只能在内心体验到。吠陀梵音和梵咒已经存在于宇宙里，环境中。当科学家们在发明创造时，他们在做什么？他们让那些隐藏已久的事实大白天下，我们不能称之为新发明，他们只是揭示了它而已。

科学发明和梵咒之间唯一的区别在于微妙层面。仙人们通过严格的苦修清理净化了他们的内在工具，因此这些宇宙之音得以在他们的心中自动浮现。

我们都知道，声音和图像是以振波的形式通过广播电台和电视台在大气中传输。它们一直都存在。但是，为了能够看到图像和听到声音，我们需要校准接收设备，也就是收音机或电视机。同样的，这些神圣之音也会示现给那些有清净之心的人。肉眼是没有能力看到它们的。只有当我们开启第三眼或内在之眼，才能体验到这些声音。

无论是什么声音，让我们尽量深地去感受它。不光是听，感受声音才是真正重要的。感受你的祈祷，感受你的梵咒，你就会感受到神。

提问者：梵咒有含义吗？

阿玛：梵咒的含义不是你想的或者期待的那样。梵咒是宇宙振动或神圣能量（Shakti）最纯净的形式，古代仙人们在深深的禅定中体验到它的深奥。梵咒是以种子状态存在的宇宙力量，这就是为什么梵咒被称为种子字（Biksharas）。仙人们将他们在禅定中体验到的这些清净之音献给人类。然而，以语言来诠释某种体验并不容易，尤其是最深刻的体验。所以，这些梵咒是慈悲的仙人们为了造福世人，用语言创造出最接近宇宙之音的声音。但事实上，只有当你的心变得完全清净时，你才能体验到梵咒的全部。

缺了什么

提问者：阿玛，很多人都说，尽管他们的生活优渥，但还是总觉得缺了什么。为什么会这样呢？

阿玛：由于过往的业力（行为）和现在的生活方式，不同的人会有不同的人生境遇。无论你是谁，拥有多少财富，只有遵循正法生活和思考，人生才会圆满和幸福。如果你没有遵循正法——即获得解脱——来运用你的财富和欲望，你将永远都无法得到平静。你永远都会觉得"缺了什么"。你缺的是宁静、圆满和知足。缺乏真正的喜悦会让人内心空虚，这种空虚是不可能通过沉溺于感官享受或满足物质欲望来填补的。

全世界的人都以为满足了欲望就能填补这个空洞。但事实是，如果人们仍然只追逐世俗之物，那么这个空洞不仅不会被填满，反而可能会扩大。

正法和解脱是相互依存的。遵循正法而生活的人会获得解脱，想获得解脱的人也必然会遵循正法。

如果金钱和财富没有被正确和明智地使用，那么它们可能会成为巨大的障碍，阻碍那些真心想要修行的人。你的钱越多，你就越可能执着于身体；你越执着于身体，我执就会越强。金钱不是问题，对金钱的盲目执着才是问题。

世界与神

提问者：世界与神是什么关系？快乐和悲伤又是什么关系？

阿玛：事实上，我们需要通过这个世界来认识神，或体验真正的快乐。上课时，老师用白粉笔在黑板上写字。因为有黑色的底，才映衬出白色的字。同样的，世界就是这样一个背景，是为了让我们看到自己的纯洁，觉知到自己的本性——永恒的快乐。

提问者：阿玛，真的只有人类才感到不开心或不满吗？动物没有这些感觉吗？

阿玛：也不是，动物也会感到悲伤和不满，也会有痛苦、爱、愤怒等其他情绪，只是它们没有人类感受得那么深。人类更进化，所以感受也会深刻得多。

实际上，对痛苦深切的感受显示出转向另一端——极乐——的潜力。其实，从这种对悲伤和痛苦的深刻感受中，我们能汲取足够的力量，走上自我参悟之路。这仅仅是需要更具辨别力地引导我们的生命能量（Shakti）。

提问者：阿玛，我们怎么样才能更具辨别力地使用我们的生命能量呢？

阿玛：只有更深入的理解才能帮助我们。假如我们参加一场葬礼，或探访一位卧病在床的老人，我们肯定会为他们感到难过。不过，等到我们一回家忙起来，就会忘了这些，继续过自己的日子。那些情景并没有触动我们内心的最深处，还不够深。但是，如果你真能深刻地反省，想一想"同样的事迟早也会发生在我身上，我应该探究这些痛苦的根源，早做准备"，那么，这些经历就会逐渐改变你的人生，引导你接触宇宙更深层的奥秘。如果你真心诚意，终会找到快乐的真正源头。

阿玛正说着，一个小宝宝突然哭了起来，她原本舒服地坐在妈妈腿上。阿玛边唤着"宝宝，宝宝，宝宝"，边问小孩为什么哭。小孩的母亲举起手中的奶嘴说："她把这个掉了。"大家都笑了。然后母亲把奶嘴放回孩子嘴里，孩子就不哭了。

阿玛：小宝宝弄丢了她的快乐，这正好示范了我们刚才说的。奶嘴是虚幻的，就像这个世界一样。它并不能带给孩子任何营养，但是它却能让孩子停止哭泣。所以可以说，奶嘴有它存在的目的。同样的，世界并没有真正地滋养我们的灵魂，但它的存在也自有其目的，就是提醒我们记得这个世界的造物主，或神。

提问者：据说一个人在觉悟前注定要经历巨大的痛苦和悲伤，是这样的吗？

阿玛：即使不觉悟，人生中也有痛苦和悲伤。修行不是往前走的路，而是往回走的路，回到我们生命存在的源头。在这个过程里，我们必须经历生生世世积累下来的情绪和习气（Vasana）。痛苦来源于此，而不是外在。当我们用敞开的心态去经历这层层的情绪和习气，我们就是在超越它们，最终我们会抵达清净极乐的境界。

在抵达山顶之前，你必须从山脚出发。同样的，在抵达快乐的顶峰之前，不可避免地要经历另一端，也就是痛苦。

提问者：为什么不可避免呢？

阿玛：只要我执还在，只要我们还觉得"我和神是分离的"，就会有痛苦和悲伤。现在你站在山脚下，在登山之前，你必须先放弃对山脚以及你在那里所拥有的一切的执着。只有当你半心半意时，痛苦才不可避免。

否则，不会有痛苦。当你放下执着时，痛苦就会转变成一种强烈的渴望，渴望登上永恒合一的顶峰。关键是，有多少人能全心全意地放下那份执着？

提问的信徒沉思了一会儿。阿玛注意到他安静下来，便轻轻拍他的头，说："为自我之鼓调音，让它发出悦耳的声音"。信徒不由自主地大笑起来。

阿玛：阿玛听过一个故事。从前，有个有钱人，他对世俗生活完全失去了兴趣，一心只想过上平静安宁的新生活。他拥有金钱能买到的所有东西，但还是觉得生活毫无意义。于是，他决定追随一位上师。在离家之前，他琢磨着："这些钱怎么办呢？不管了，我把这些钱都献给上师吧，我想要的是真正的快乐。"于是有钱人把他所有的金币都装进一个袋子里，带着上路了。

走了一整天后，他终于在某个村子外面找到了坐在树下的大师。他把钱袋放在大师面前，向他拜倒行礼。但他刚一抬头，却吃惊地看见大师抓起钱袋跑了。大师这奇怪的行径让有钱人错愕不已，他拼尽全力追了上去。但大师跑得更快，沿着田野，上山又下山，跃过小溪，踏过灌木丛，穿过街道。天就要黑了，显然大师对村里的羊肠小道很熟悉，有钱人很难追得上他。

最后，有钱人终于放弃了，回到一开始见到大师的地方。他发现钱袋就在地上放着，而大师躲在树后。当有钱人贪婪地抓起他的宝贝钱袋时，大师从树后探出头来说："告诉我，你现在什么感觉？"

"我好高兴，好高兴啊！这是我这辈子最高兴的时候。"

"所以，"大师说，"要体验真正的快乐，就必须经历另一端。"

孩子们，你们可以在世间辗转徘徊，追求各种外物。但是，如果你不回到源头，不回到你开始的地方，就不会有真正的快乐。这是这个故事的另一层寓意。

提问者：阿玛，我听说，只有不再寻找，才能找到真正的快乐。这句话怎么解释呢？

阿玛："不再寻找"，是说停止在外在的世界寻找快乐，因为你所寻找的就在你之内。不要追逐外在世界的事物，而是向内看，在那里你会找到你所寻找的。

你既是寻找者也是你所寻的。你在寻找的，你已经拥有了，这是无法在外在找到的。所以，每一次向外寻找快乐都会以失败和挫折告终。这就像小狗追逐自己的尾巴一样。

无限的耐心

有位五十多岁的男士，自 1988 年起就经常参加阿玛在纽约的活动。我忘不了他，是因为他总是问阿玛同样的问题，而且几乎每次都是我给他翻译。年复一年，这个人总是一字不差地问同样三个问题：

1、阿玛能让我马上觉悟吗？
2、我什么时候才能娶个美女？
3、我怎样才能很快变有钱？

看到他加入达善队伍，我开玩笑地说："复读机来了。"

阿玛马上意识到我在说谁，她严厉地看着我说："修行的意义在于理解和分担他人的痛苦和烦恼。我们至少应该以成熟的态度来面对这些人。如果你没有耐心倾听他们，那你就没资格当阿玛的翻译。"

我恳请阿玛原谅我的偏见和措辞。但我不确定阿玛是否还想再听一次的他的问题，已经第 15 次了。

我问阿玛："我要不要翻译他的问题？"

"当然要，为什么还要问？"

不出所料，还是那三个问题。阿玛倾听他，给他建议，仿佛第一次听到这些问题一样。目睹这一切,我的内心再一次充满了对阿玛的敬佩和赞叹。

提问者:阿玛能让我马上觉悟吗?

阿玛:你有没有规律地冥想?

提问者:我想多赚点钱,所以每周得工作50个小时。但我还是会冥想的,只是不太规律罢了。

阿玛:怎么个不规律法?

提问者:每天忙完工作以后,如果还有时间,我就冥想。

阿玛:好,那持咒呢?有没有按要求每天持咒?

提问者:(有点犹豫)我也有持咒,但不是每天都持咒。

阿玛:那你每天几点睡觉,几点起床呢?

提问者:我一般半夜睡,早上7点起床。

阿玛:几点去上班?

提问者:我上班时间是早上8:30到下午5:00。不堵车的话,差不多35到40分钟到单位。所以我一般早上7:35出门。起床后的时间也就够我冲杯咖啡,烤两片面包,穿好衣服。之后我得带着早餐和咖啡赶紧出门,开车上班。

阿玛:那你几点下班回家呢?

提问者:嗯……下午5:30或6:00。

阿玛：回家以后你都干些什么？

提问者：我休息半个小时，然后开始做晚饭。

阿玛：做几个人的晚饭？

提问者：就我自己，我一个人住。

阿玛：做晚饭要花多长时间？

提问者：大概40分钟到一个小时吧。

阿玛：那就是到晚上7:30。吃完晚饭后，你干什么？看电视吗？

提问者：是的。

阿玛：看多长时间？

提问者：（笑起来）阿玛，被您发现了，我会一直看到睡觉。我想再向您坦白一件事……唉，还是算了吧。

阿玛：（轻拍他的背）来吧，把你想说的说完。

提问者：说出来太难为情了。

阿玛：那好吧。

提问者：（停顿片刻后）其实跟您也没什么好隐瞒的，反正我相信您已经知道了。不然怎么会演这么一出呢？哦，天啊，这真是个游戏（Lila）。阿玛，请您原谅我吧，我把您给的梵咒给忘了，连写着梵咒的纸条我也找不到了。

听了他的话，阿玛放声大笑。

提问者：（费解地）啊？您为什么笑啊？

看到他坐在那儿一脸担心的样子，阿玛开玩笑地捏了捏他的耳朵。

阿玛：你个小鬼！阿玛就知道你有事儿瞒着她。你看，孩子，神是一切的给予者。阿玛知道你很诚心，也有求知欲，但是你也必须培养更多的信念与专注（Shraddha），还有承诺，你必须有意愿精进修持以达到目标——觉悟。

梵咒是桥梁，它连接你与你的上师——有限与无限。对一个真正的弟子来说，上师传的咒就像是食物。每天坚持不懈地持咒，以此显示你对梵咒的尊重，对上师的虔敬。如果你不全身心地投入，就不可能觉悟。修行不应该是兼职，必须是全职。阿玛不是在让你辞职或减少工作量。你很认真地对待你的工作和挣钱，对不对？同样的，觉悟也需要认真对待。就像吃饭和睡觉一样，修证也应当成为你生活中必不可少的一部分。

提问者：（礼貌地）阿玛，我接受您所说的一切。我会记住您说的话，并尽量做到。请您祝福我吧。

这位男士安静了一会儿，似乎在沉思。

阿玛：孩子，你结过两次婚，对吧？

提问者：（吃惊）您怎么知道？

阿玛：孩子，这不是你第一次问阿玛这些问题了。

提问者：您记性可真好啊！

阿玛：你怎么知道下一段婚姻就会成功呢？

提问者：我不知道。

阿玛：你不知道？还是不确定？

提问者：不确定。

阿玛：你都不确定，还要考虑再婚吗？

这位男士很困惑，同时又觉得很好笑，笑得几乎滚到地上。他坐起来，双手合十，说："阿玛，您实在是太不可抗拒又无懈可击了。我向您顶礼。"

阿玛和蔼地微笑着，顽皮地拍了拍他此时低垂着的光头。

无条件的爱与慈悲

提问者：阿玛，您对无条件的爱与慈悲的定义是什么？

阿玛：那是完全无法被定义的。

提问者：那是什么呢？

阿玛：那是一种广阔，就像天空一样。

提问者：是内在的天空吗？

阿玛：那个境界没有所谓的内在和外在。

提问者：那是什么？

阿玛：那个境界只有一。所以无法被定义。

最容易的路

提问者：阿玛，修行之路有那么多，哪一条是最容易的呢？

阿玛：最容易的路就是和觉悟上师在一起。和上师在一起就像乘坐协和式超音速飞机旅行。上师是能最快带你抵达终极目标的交通工具。如果没有上师的指引，无论哪条修行之路都像乘坐公共汽车，一路会停上百次。这会耽误修行进程。

觉悟，臣服和活在当下

提问者：如果没有臣服的态度，是不是无论怎么苦修都不可能觉悟？

阿玛：告诉阿玛，你说的苦修指的是什么？苦修是带着爱和诚心修行。为此，你需要安住于当下。为了安住于当下，你需要臣服，放下过去和未来。

无论你叫它臣服、当下此刻、此时此地，还是活在当下等等，都是一回事。虽然用的词汇不一样，但内在体验都是一样的。任何修行方法都是为了帮助我们学习放下。真正的冥想不是一个行为；而是发自内心地想与自性或神合一的强烈渴望。在这个过程里，我们越深入，我执就越少，我们就越轻松。所以，你看，修行的根本目的就是逐渐消除"我"和"我的"的感觉。只是人们会用不同方式、不同词汇描述这个过程罢了。

提问者：这个世界上所有的物质成就和成功，基本上都取决于你有多强势，多能干。如果不让你的头脑变得更灵光更聪明，你就不可能获胜。慢一步你就会被淘汰。但修行生活的原则和世俗生活的原则比起来，好像很不一样。

阿玛：对的，孩子。就像你说的，只是"好像"很不一样。

提问者：怎么说呢？

阿玛：因为无论是谁，无论在做什么，大多数人还是活在当下的，只是没有全然地活在当下。当人们专注地做事或思考的时候，他们是安住于那个当下时刻的，否则什么事也办不成。比如说木匠吧，如果木匠做木工活时没有全神贯注，就有可能发生严重的事故。所以，人们是活在当下的。唯一的区别是大多数人很少有甚至没有觉照力，所以他们只是部分地活在当下，或者根本没在当下。心性科学教导我们随时随地全然地活在当下。而人们却总是活在头脑里，从来不在心中。

提问者：但要全然地活在当下，难道不是得超越自我吗？

阿玛：是的，但超越自我并不代表你就没用了，什么都做不了了。恰恰相反，你会超越所有的弱点。你会完全地转化升华，内在的能力也将得到充分发挥。作为一个完美的人，你会准备好为一切众生服务，再无分别之心。

提问者：阿玛，您的意思是，臣服和活在当下基本上没有区别是吗？

阿玛：是的，它们是一回事。

念珠和手机

阿玛在孩子们的陪同下走向活动大厅。这时,她注意到一位出家弟子走出去接电话了。

这位弟子打完电话回来后,阿玛说道:"如果一个修行人有很多职责在身,比如要在全国各地举办阿玛的活动,要联系当地的负责人,那么有个手机是可以的。但是当一只手握着手机的同时,另一只手要拿着念珠(Japamala),提醒自己持咒。要与世界保持联系,得有一部手机,在必要的时候使用它。但是永远都不要失去与神的联系,那是你的生命力。"

活生生的奥义书

提问者：您会怎样描述上师？

阿玛：上师是活生生的奥义书（据奥义书 Upanishad 记载，上师是至高真理的化身）。

提问者：上师的主要任务是什么？

阿玛：上师唯一的目的就是激励弟子，在他们心里注入达到觉悟所必须的信念与爱。上师的首要任务是在弟子心中燃起自我参悟之火，或对神的爱。一旦它被点燃，上师的下一个任务就是让这火继续燃烧下去，保护它不被欲望的狂风暴雨浇灭。上师会像母鸡保护小鸡一样将弟子保护在羽翼之下。通过观察上师，并从上师的生活中汲取灵感，弟子会渐渐地学到更多关于臣服和出离心的功课，最终达到完全的臣服和超越。

提问者：弟子超越什么呢？

阿玛：超越他们的劣根性，或习气。

提问者：阿玛，您会怎么描述自我？

阿玛：自我只是个微不足道的现象，但如果你大意的话，它也具有毁灭性。

提问者：但在世俗生活中，它不也是个强而有用的工具吗？

阿玛：是的，如果你学会恰当地使用它的话。

提问者：怎么叫"恰当"？

阿玛：阿玛的意思是一个人应当运用辨别力来恰当地掌控自我。

提问者：这也是修行人修行的一部分，对吗？

阿玛：是的，但修行人会渐渐调伏自我。

提问者：这是不是说没必要超越自我呢？

阿玛：调伏自我和超越自我是一回事。事实上，没有什么东西要超越。说到底，自我不是真的，超越也不是真的。只有自性（即梵我）才是真的，其他的都只是影子而已，或者像遮住太阳的云朵，它们都不是真的。

提问者：但是影子给我们遮荫，我们不能说它是假的吧？

阿玛：你说的对，我们不能说影子是假的，它有它的用途，它为我们遮荫。但是别忘了大树，树才是影子的来源。没有树就没有树影，但就算没有树影，树也依然如是。所以影子既不是真的，也不是假的。这就是摩耶（Maya）——幻相。妄心，或者自我，既不是真的也不是假的。但不管怎样，自性的存在完全不依赖于自我。

举个例子，酷暑天，有个男人带着儿子走在路上。小男孩为了不被晒到走在父亲的身后，这时父亲的影子为孩子遮了荫。你说的对，不能说影子是假的；但是，影子也不是真的。不过它有它的用途。同样的，自我既不是真的也不是假的，但它有它的用途，就是提醒我们终极实相——自性，它是自我的基础。

就跟影子的道理一样，没有自性，世界和自我都不可能存在。自性支持并维系着一切存在。

提问者：阿玛，我想再回到"超越"这个话题上。您说，自我不是真的，所以超越自我也不是真的，如果是这样的话，自性显现或觉悟自性是什么样的一个过程？

阿玛：就像自我不是真的，所以超越自我的过程也只是看似发生而已。甚至连"自性显现"这个说法也是错的，因为自性根本无需显现。无论过去、现在还是未来，自性一直如是，不需要经历任何过程。

所有的解释最终都会让你意识到，任何解释都是没有意义的。到最后你会明白，除了自性，其他都不存在，实际上也没有什么过程。

举个例子，在密林深处，有一洞美丽的永恒甘露之泉。有一天你发现了它，喝下泉水获得永生。泉水一直就在那儿，只是你不知道罢了。突然间你意识到了它，觉知到它的存在。清净能量（Shakti）的内在源头也是如此。当你对自性的寻觅和渴望不断增加时，你会醒悟，并连上源头。一旦建立好连接，你就会意识到你和源头从未失去过连接。

比方说，宇宙的怀里隐藏着巨大的财富，有无价的宝石、魔力药水、万灵药、人类历史的宝贵信息、解决宇宙奥秘的方法，等等。无论过去、现在还是未来的科学家们，他们所能发现的也只不过是宇宙中极微小的一部分。没有什么发明是新的。所有的发明都只是揭去遮盖的过程而已。同样的，至高真理一直在我们内心深处，仿佛被遮蔽了。这个揭去遮盖的过程被称为修行。

所以，从物质现象的层面来说，有一个自性显现的过程，也就有了所谓的超越。

提问者：阿玛，您怎么解释在日常生活中的超越呢？

阿玛：只有当我们足够成熟，有足够的理解力时，超越才会发生。这得益于修行，得益于以积极和敞开的态度去面对生活中各种不同的体验和境遇。这会帮助我们放下错误知见,超越一切。稍加觉察,你就会明白,放下并超越琐碎事物、欲望和执着,在我们的日常生活中很常见。

小孩子都爱玩玩具,比如毛茸茸的大猩猩。他特别爱这个大猩猩,整天都带着它,有时候玩起来甚至会忘记吃饭。如果妈妈要从他手里把玩偶拿走,他就会不高兴,开始哭闹。甚至在睡觉时,小男孩都要紧紧抱着这个大猩猩,也只有这个时候,妈妈才能把它拿走。

但是有一天,妈妈看见所有的玩具,包括小男孩最喜欢的大猩猩,都被扔到了屋子的角落里。小男孩突然间不再需要它们了,因为他长大了。你甚至可能会看到他微笑着看别的小孩玩玩具,他心里一定在想:"你看那个小孩在玩玩具。"他甚至忘了自己也曾经是个小孩。

小孩子不再玩玩具,开始玩其他更高级的东西,比如骑儿童三轮车。不久之后,他或她会超越三轮车,开始骑自行车。最后,他们可能想要摩托车、汽车等等。但是,修行人则需要培养内心力量和理解力来超越一切外物,一心只向着至尊自性。

摩耶

提问者：阿玛，什么是摩耶？您会怎么定义它？

阿玛：妄心就是摩耶。妄心无法认识到这个世界是无常的，这被称为摩耶。

提问者：也有人说这个世界就是摩耶。

阿玛：是的，因为世界是妄心的投影。阻止我们看到这个真相的就是摩耶。

对小孩来说，檀木做的狮子就是真的；但对大人来说，就只是一块檀木。小孩的眼里只有狮子，看不到檀木。父母可能会欣赏这个狮子，但他们知道狮子不是真的。对他们来说，檀木是真的，狮子不是。同样的，对一个觉者来说，整个宇宙就只是构成万相的本质——"檀木"，即梵（Brahman）或觉性。

无神论者

提问者：阿玛，您对无神论者怎么看？

阿玛：一个人是否相信神并不重要，只要他或她好好地服务社会就很好。

提问者：您并不真的在乎，是吧？

阿玛：阿玛在乎每个人。

提问者：但是您认为他们的观点正确吗？

阿玛：只要他们相信自己的观点，阿玛怎么想又有什么关系呢？

提问者：阿玛，您在回避我的问题。

阿玛：孩子，你追问阿玛只是想要得到你想听的答案。

提问者：（笑）好吧，阿玛，我想知道无神论是否只是一种理论逻辑，还是的确有些意义。

阿玛：有没有意义取决于这个人的态度。无神论者坚信至高力量或神并不存在。但是，他们中有些人只是在公开场合这么说罢了，在他们心里还是相信存在的。

这种理论逻辑没有什么特殊的，一个智商高的人看似能证明或反驳神的存在。无神论是基于逻辑的。理论逻辑如何能够证明或反驳那个超越逻辑的神呢？

提问者：阿玛，那您的意思是他们对神的观点是不正确的，对吗？

阿玛：无论是他们还是其他人，任何关于神的观点注定是错误的，因为我们无法从任何一个视角来理解神。只有当所有的观点都消失了，神才会出现。人们能够使用逻辑来建立或驳斥某些观点，但那未必总是对的。

假如你说："A 手里没有东西，B 手里也没有东西，我看 C 手里也没有东西。所以没人手里有东西。"这么说挺有逻辑，听上去也对，但事实真的如此吗？逻辑推论也类似。

现在的无神论者浪费了很多时间去证明神不存在。如果他们坚信如此，又有什么好担心的呢？他们应该做一些对社会有益的事，而不是参与那些有害的辩论。

宁静

提问者：阿玛，您说什么是宁静呢？

阿玛：你问的是内在的宁静还是外在的宁静？

提问者：我想知道什么是真正的宁静。

阿玛：孩子，你先告诉阿玛，你觉得什么是真正的宁静？

提问者：我认为宁静就是快乐。

阿玛：但什么是真正的快乐呢？是欲望被满足时的感受吗？还是什么其他解释？

提问者：唔……就是欲望被满足时的那个心情吧？

阿玛：但是这种愉快的心情很快就会消失。当某个欲望得到满足时你会感到开心，但是很快又会有新的欲望，你会发现自己又开始追逐新的欲望。这个过程永无止尽，不是吗？

提问者：的确是这样的。那内心的快乐是真正的快乐吗？

阿玛：但你怎么能感受内心的快乐呢？

提问者：（笑）您可把我问住了。

阿玛：不，我们快接近你要的答案了。孩子，如果心不平静，那我们怎么可能感受到内心的快乐呢？还是说，你认为吃巧克力和冰激淋时感受到的平静放松就是真正的宁静？

提问者：（笑）哦，不是的，您在逗我。

阿玛：没有，孩子，阿玛是认真的。

提问者：（沉思着）那既不是宁静也不是快乐，只是一种兴奋或者着迷吧。

阿玛：那种着迷会持久吗？

提问者：不会，它来来去去。

阿玛：那你现在告诉阿玛，我们能说来来去去的的感受是真实的或者永恒的吗？

提问者：不能吧。

阿玛：那你说它是什么呢？

提问者：这种来来去去的一般被称为"短暂的"或"流逝的"。

阿玛：你既然说了，那阿玛有个问题问你：你的人生中有没有体验过毫无缘由的宁静？

提问者：（沉思片刻后）有的。有一次我坐在我家后院看夕阳，心里面充满了无名的喜悦。在那个美好时刻，我轻轻松松地进入了一种无念的状态，心里特别的宁静和喜悦。为了重温那一刻，我甚至还写了一首诗来描述那次经历。

阿玛：孩子，这就是你问题的答案了。当你的心静止下来，念头减少时，自然而然就宁静了。少思则多静，多虑则少安。没有缘由的宁静和快乐才是真正的宁静和快乐。

宁静和快乐是同义词。你越敞开，就越能感受到宁静或快乐，反之亦然。除非我们在某种程度上调伏了自心，否则很难获得真正的宁静。

找到内在的宁静，才是找到外在和平的真正途径。内外都要努力。

提问者：阿玛，您如何从精神层面描述宁静？

阿玛：宁静没有精神和世俗之分。正如爱是合一，宁静也是合一。的确，程度上的差别还是有的，这取决于你向内走得有多深。如果把心比作一片湖，念头就是湖面上泛起的涟漪。每个念头或烦恼升起时，就像石子投进湖中，激起无数涟漪。而禅心就如同漂浮在湖面上的一朵莲花，心念的涟漪在湖面上荡漾，但是莲花并不受影响，它只是漂浮着。

有时候，在吵架中或者受够了某人或某事的时候，人们会说："别烦我！让我一个人静静！"但这可能吗？就算没人打扰他，他也平静不下来，也未必真的能一个人静静。关起门后，他还会坐在那儿郁闷地回顾着刚才发生的事，心里气得要命，他会再次置身于烦恼的世界里。真正的宁静，是当我们从过去的念头中解脱出来时，浸润心灵的深刻感受。

宁静并不是烦恼的对立面，而是没有烦恼，那是一种完全放松和安详的状态。

人生中最重要的一课

提问者：人生中需要学习的最重要一课是什么？

阿玛：带着出世的态度入世。

提问者：出世和入世要怎么才能结合起来呢？

阿玛：就是自如地出世和入世——行动，放下，前行；再行动，放下，再前行。多余的行李会让你出行不便，对吧？同样的，盲目幻想、欲望和执着这种多余的行李，也会让你的人生旅途苦不堪言。

甚至伟大的皇帝、统治者和独裁者，在生命的尽头都因背负着这些多余的行李而痛苦不堪。只有出世的艺术才能帮助你在临终时保持安宁。

亚历山大大帝是一位伟大的战士和统治者，他几乎征服了三分之一的世界。他想统治全世界，但最终战败，并身患绝症。去世的前几天，亚历山大大帝传唤大臣们，向他们说明他想要如何下葬。他说想要在棺材两侧各开一个口，让他的胳膊可以伸出去，掌心朝上。大臣们问他为什么要这么做。大帝解释说，这样一来大家就会知道，一生都在为占有和征服世界而战斗的亚历山大大帝，在离开人世的时候两手空空，连自己的身体都带不走。这样人们会明白，用一生的时间追逐世间外物是多么的徒劳。

毕竟，我们最后什么都带不走，连自己的身体都带不走。那么，过于执着又有什么用呢？

艺术和音乐

提问者：阿玛，我是个艺术家，音乐家，我想知道我应该以什么态度对待我的职业？如何才能更多地发挥出我的音乐天赋？

阿玛：艺术，是神之美透过音乐、绘画、舞蹈等形式的示现，这是觉悟内在神性最容易的方式之一。

许多圣人都是通过音乐觉悟到神的。所以，你能成为音乐家是个特殊的祝福。至于你对自己职业的态度，就做个初学者，做神面前的小孩子。这种态度会使你契入内心的无限可能，进而更出神入化地展现你的音乐天赋。

提问者：可是阿玛，怎样才能做个小孩，做个初学者呢？

阿玛：你只要接受并认识到你的无知，自然就变成初学者了。

提问者：这我明白，但我也不是一无所知呀，我是个训练有素的音乐家。

阿玛：你受过多少训练？

提问者：我学了6年音乐，过去14年一直是个表演艺术家。

阿玛：空间有多大？

提问者：（有点困惑）我不明白您的问题。

阿玛：（微笑着）你不明白这个问题是因为你不明白空间，是吧？

提问者：（耸耸肩）可能吧。

阿玛：可能？

提问者：但是您问"空间有多大"跟我的问题有什么关系吗？

阿玛：有关系。纯粹的音乐就像空间一样大，它是神，是纯粹的知识，是让宇宙清净之音流经你的秘密。你无法在20年之内学会音乐。你也许唱了20年的歌，但是真正了解音乐，意味着觉悟到音乐就是自性。为了觉悟到音乐就是自性，你需要让音乐完全占有你。为了让更多的音乐占据你的心，你需要在内心创造出更多的空间。杂念越多，内心的空间就越少。现在好好想想："我心里有多少空间留给纯粹的音乐？"

如果你真的想要展现更多的音乐天赋，那就减少不必要的念头，留出更多的空间让音乐的能量在你之内流动。

爱的源泉

提问者：阿玛，一个人要怎样学会您所说的纯洁无邪的爱呢？

阿玛：你只能学习陌生的东西。但爱是你的本性，爱的源泉就在你之内。以正确的方式契入那个源头，神圣之爱的能量就会充满你的心，在你内心无限扩展。你无法让它发生，你只能为它的发生创造正确的心态。

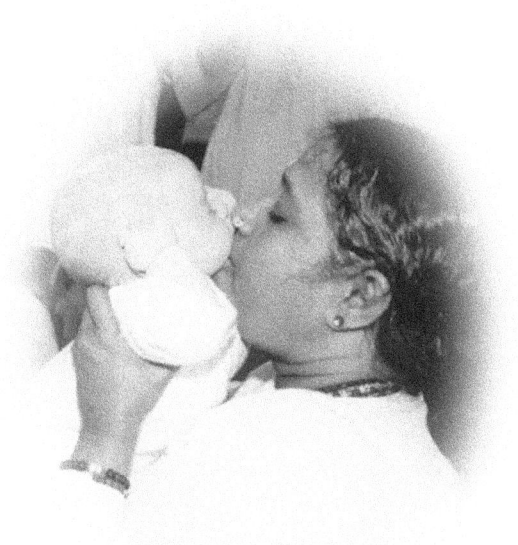

您为什么拥抱?

提问者:阿玛,您拥抱众生,谁拥抱您呢?

阿玛:整个造物都在拥抱阿玛,事实上,阿玛和造物处于永恒的拥抱中。

提问者:阿玛,您为什么拥抱人们?

阿玛:这就像在问河水:"你为什么流动?"

每一刻都是宝贵的一课

一天上午,达善正在进行,阿玛刚回答完孩子们的问题——提问的队很长。我长舒了一口气,准备休息一下。这时,一个信徒突然走来递给我一张纸条。又是一个问题。说实话,我有点不高兴,但还是接过了纸条,问他:"你能等到明天再问吗?今天上午的提问环节已经结束了。"

他说:"这个问题很重要,你为什么不现在就问?"我想,也许是想象,他在命令我。

我反驳道:"我需要向你解释吗?"

他很坚持:"不需要,但你为什么不问问阿玛?也许阿玛愿意回答我的问题呢。"

我不再理他，眼睛看向别处。阿玛还在给达善。我们就在阿玛的座椅背后争论，尽管声音很小，但语气比较强硬。

突然，阿玛转过头来问我："你累了吗？困吗？吃过饭了没有？"我吃了一惊，同时也感到羞愧，显然阿玛听到了我们的对话。事实上，是我在犯傻。我应该很清楚，就算阿玛在给达善，就算我们说话声音小，但是她的眼睛、耳朵，还有她的整个身体都能看见、听见、感受到一切。

阿玛继续说："如果你累了，就去歇一会儿，但是先帮这个孩子问完问题。你要学会体谅别人，不要总觉得自己是对的。"

我向这个人道了歉，帮他问了问题。阿玛慈爱地回答了他。他心满意足地离开了。当然，就像他说的，他的问题的确很重要。

在他离开后，阿玛说："你看，孩子，当你作出冲动反应的时候，你是错的，而且很可能对方是对的。对方的心态更好，所以能看清楚情况。冲动反应让你盲目，这样的态度不会帮你了解他人，或体谅他人的感受。

"在你对某个情况作出反应前，能先停一下吗？告诉对方：'回答你之前，请先给我一点时间，让我想想你说的话。也许你是对的，我是错的。'如果你有勇气这样说，至少是在考虑对方的感受。这样会避免很多不愉快的事。"

在伟大的上师这里，我又学到了宝贵的一课，令我谦卑。

理解觉者

提问者：我们能以心念去理解觉者吗？

阿玛：首先，觉者是无法被理解的，只能被体验。我们的妄心反复无常又多疑，没有办法如其所是地体验任何事，哪怕是世俗的事。比如，当你想真切地感受一朵花时，妄念会停下来，那个超越妄念的开始起作用。

提问者：阿玛，您说"妄念会停下来，那个超越妄念的开始起作用"，那是什么？

阿玛：可以说它是心灵，但那其实是一种暂时的深邃静默——心的静止状态，思绪不再纷飞。

提问者：阿玛，您说的"妄心"指的是什么？仅仅指念头呢还是有其他含义？

阿玛：妄心包括记忆，记忆是储藏着过去的仓库，也包括思考，质疑，决策和自我意识。

提问者：那情绪呢？

阿玛：情绪也是妄心的一部分。

提问者：好吧，当您说"无法以妄心去理解觉者"，您是指妄心这个复杂的机制无法理解觉者所安住的那个境界吧。

阿玛：是的。人心变幻莫测，而且很狡猾。对求道者来说，最重要的是要知道，他们无法认出觉悟上师，因为没有识别的标准。一个酒鬼能认出另一个酒鬼，一个赌徒能认出另一个赌徒，守财奴也是一样，这是因为他们有同样的心理特质。但是识别上师的标准却不存在。我们的肉眼和妄心无法认出一个伟大的灵魂。为此，我们需要特殊训练，那就是修行。只有通过不懈的修行我们才能获得力量去穿透心的表层。一旦穿透心的表层，会面对无数层的情绪和念头。为了经历和超越所有这些复杂的、粗重和微细的心念，修行人需要上师的持续指导。深入心念，经历它的各个层面，并成功超越，这个过程叫苦修（Tapas）。只有在上师无条件的恩典下，这个过程，包括最后的超越，才有可能发生。

妄心总是有期待，它本身就是期待。觉者不会顺应它的期待和欲望。想要体验上师的圆满觉性，必须去除期待心。

阿玛，能量无限

提问者：阿玛，您有没有想过停下您现在做的事？

阿玛：阿玛不是在做事，而是在膜拜。膜拜中只有纯粹的爱，所以这不是做事。阿玛把她的孩子们当作神来膜拜。孩子们，你们都是阿玛的神。

爱并不复杂。爱是简单的，自发的。事实上，爱是我们的本性。所以，这不是做事。对阿玛来说，拥抱是阿玛表达对她的孩子们、对一切众生的爱的最简单的方式。工作耗费精力、令人疲倦；然而爱永远不会令人感到疲倦或无聊。相反，爱会不停地在你内心注入能量。真爱会让你像花儿一样轻盈，你不会感到沉重或有负担。我执创造负担。

太阳永远不会停止照耀；风也不会停止吹佛；河水也永远不会停止流动，说"我受够了！同样的事我做了好久了，现在是时候改变了。"不会的，它们永远不会停下来。只要世界还存在，它们就会继续下去，因为这是它们的本性。同样的，阿玛无法停止爱她的孩子们，因为她对孩子们的爱永远不会倦息。

没有爱，才会无聊。于是你就总想改变，从这儿换到那儿，把这个换成那个。然而，只要有爱，什么都不会变旧，一切永葆清新，永远鲜活。对阿玛来说，当下远比明天要做的重要得多。

提问者：就是说未来您还会继续给达善，对吗？

阿玛：只要这双手还能动，还能伸向来到阿玛跟前的人，还有力气把手放在哭泣的人的肩头，爱抚他们，为他们擦去眼泪，阿玛就会继续给达善。爱抚和慰藉人们，为他们擦去眼泪，直到生命的最后一刻，这是阿玛的心愿。

阿玛给达善已经35年了[3]。由于至尊梵（Paramatman）的恩典，至今阿玛从未因身体不适取消过任何一次达善或活动。阿玛并不担心下一刻。爱在当下，快乐在当下，神在当下，觉悟也在当下。所以，何必担心未来？当下的发生远比未来重要得多。当下是如此美丽和圆满，为什么要担心未来呢？让未来从当下自行展开吧。

---

[3] 本书首刊于2003——译者注

失而复得的孩子

扎古医生是阿玛印度道场的居民，最近他的家人给了他一些钱，让他跟阿玛去欧洲的巡游活动。他太晚才拿到签证，阿玛和她的巡游小组已经离开印度了。不过，让大家高兴的是，扎古将在比利时的安特卫普跟我们汇合。

这是扎古第一次出国，他从来没有坐过飞机，所以我们提前为他安排好了接机。开车来接机的信徒在机场外等他，但是扎古没有出现。经机场管理部门证实，有一名叫扎古的乘客坐上了从伦敦希思罗机场起飞的航班，该航班在下午四点左右抵达布鲁塞尔国际机场。飞机已落地四个小时了，仍没有扎古医生的消息。

当地信徒在机场人员的帮助下，四处寻找扎古。机场广播多次呼叫他的名字，却没有任何回应。到处都找不到他。

最后，大家不得不相信，扎古医生走丢了。他要么在巨大的机场走丢了，要么就是迷失在布鲁塞尔，他肯定在拼命地想办法赶来活动会场。

与此同时，阿玛平静地坐在整个巡游团队中央，练习新的拜赞歌（Bhajans），沉浸于极乐中。由于扎古的意外失踪让大家忧心，于是在练歌的过程中，我告诉了阿玛这个消息。我以为阿玛会流露出母亲般的关切，但令我诧异的是，阿玛只是转过身，简单地说了句，"来吧，唱下一首。"

对我来说，看到阿玛镇定自若是个好兆头。我告诉信徒们："我想扎古肯定很安全，因为阿玛很镇定。如果真有什么问题的话，她肯定会显得更担忧。"

也就几分钟之后，僧人达耶阿姆里塔（Dayamrita）过来告知："扎古刚到会场门口。"几乎同时，扎古走了进来，小脸上挂着大大的笑容。

按照扎古自述的冒险经历，他的确是走丢了。他说："当我从机场出来的时候，没看到接机的人，我不知道该怎么办。虽然有点担心，但是我坚信阿玛会派人把我从完全陌生的环境里解救出来的。幸运的是，我有活动会场的地址。有对夫妇同情我，就把我带到这里来了。"

阿玛说："阿玛知道你平安无事，会找到这儿来的。所以他们说你失踪时，阿玛很镇静。"

那天晚上，我问阿玛怎么知道扎古是安全的。她说："阿玛就是知道。"

我的好奇心被勾了起来："但您是怎么知道的？"

阿玛说："就像你在镜子里看到自己的样子，阿玛看到他是安全的。"

我又问:"您看到扎古得到帮助了吗?还是您感召那对夫妇去帮助他的?"尽管我试探着问了好几次,阿玛却不再说下去了。

暴力

提问者：阿玛，暴力和战争有可能带来和平吗？

阿玛：战争永远都不可能带来和平，这是历史揭示给我们的真理。除非人的意识发生转化和升华，否则和平仍将遥遥无期。只有正知正见正行才能带来这种转变。所以，我们永远都不可能通过发动战争来解决问题。

和平与暴力是对立的。暴力是强烈的冲动反应，而不是冷静应对。冲动反应会引发更多的冲动反应，这是一个简单的道理。阿玛听说，在英国曾有一种惩罚盗贼的特殊方法。他们把犯人带到十字路口，脱光他的衣服，在大庭广众之下鞭打他。这样做的目的是让全镇人都知道犯罪的严厉下场。但是，很快他们就不得不改变这种方法了。因为人们都在专心围观，反而给小偷创造了绝佳的偷窃机会。处刑之地反倒成了犯罪的滋生地。

提问者：那就是说不应该有任何惩罚吗？

阿玛：不，不，完全不是这个意思。由于世界上大多数人不懂如何以造福社会的方式来行使自由，因此一定程度的畏惧——"如果我不遵守法律，我将受到惩罚"——是有好处的。但是，靠暴力和战争建立和谐与和平是不会长久的。原因很简单，暴力给整个社会造成的深痛创伤，日后会以更激烈的暴力和冲突显现出来。

提问者：那解决方法是什么呢？

阿玛：尽你所能地扩展你的意识，只有扩展的意识才有能力拥有正知见。这样的人就能改变整体的社会面貌。这就是为什么在当今社会，心性之道是如此重要。

无明才是问题

提问者：印度人和西方人所面临的问题有什么区别吗？

阿玛：从表面上看，印度人和西方人所面临的问题不一样。但是无论在世界的哪个角落，所有问题的根源都是一样的。那就是无明，对梵我的无明，对我们本性的无明。

过多关注物质保障，过少关注心灵保障是当今社会的特点。这个关注点应该改变了。阿玛不是说人们不应该照顾他们的身体和物质生活，阿玛不是这个意思。然而，问题的根源在于，人们混淆了什么是恒常什么是无常。人们过度重视无常的，也就是身体；而完全遗忘了恒常的，也就是梵我。这个态度应该改变。

提问者：您觉得我们的社会有可能改变吗？

阿玛：可能性永远都在，关键在于社会和个人是否愿意改变。

在课堂上，每个学生都有同样的学习机会。可是，一个学生能学到多少取决于他或她的接受程度。

现在的世界，每个人都希望别人先改变，很难找到真正愿意改变自己的人。每个人都应该尽力改变自己，而不是想着别人应该先改变。除非我们的内在世界有转变，否则外在世界基本上还会是一个样。

谦卑的意义

回答一位信徒关于谦卑的提问：

阿玛：通常当我们说"那个人真谦卑啊"，其实就是说"他维护了我的面子，让它完好无损，不受伤害。我让他帮我做件事，他爽快地做了。所以，他真是一个谦卑的人啊。"这才是我们说这句话的意思。然而，一旦"谦卑的人"质疑我们，哪怕是有个好理由，我们的态度就变了。现在我们会说："原来他不像我想的那么谦卑"，意思就是"他伤了我的面子，所以他并不那么谦卑。"

我们特殊吗？

记者问：阿玛，您觉得这个国家的人特殊吗？

阿玛：对阿玛来说，全人类、整个造物都很特殊，因为神性就在一切众生之内。阿玛在这里也看到了人们心中的神性，所以你们都特殊。

自性帮助还是自我帮助

提问者：在西方社会，自助书籍和自助方法非常流行。阿玛您对此有什么看法？

阿玛：这取决于你怎么理解自助。

提问者：您的意思是？

阿玛：自助的"自"，指的是自性？还是自我？

提问者：这有什么区别吗？

阿玛：自性的"自助"帮助你绽放心灵，而自我的"自助"则增强我执。

提问者：阿玛，那您有什么建议吗？

阿玛：阿玛会说"接受真理"。

提问者：我不懂。

阿玛：自我就是这样，它不允许你接受真理，或者不允许你正确地理解问题。

提问者：我怎么才能看到真理呢？

阿玛：为了看到真理，你首先得看到虚假。

提问者：自我真的是虚妄的吗？

阿玛：如果阿玛说"是"，你会接受吗？

提问者：唔……如果您想的话。

阿玛：（笑）如果阿玛想？问题是你想听到并接受真理吗？

提问者：是的，我想。

阿玛：那么，真理就是神。

提问者：意思就是自我不是真实的，对吗？

阿玛：自我不是真实的，它是你的麻烦。

提问者：那么人们不管去哪儿，都带着这个麻烦了？

阿玛：是的，人类变成了行走的麻烦。

提问者：那下一步该怎么做呢？

阿玛：如果你想增强我执，那就让你的自我变得更强大。如果你想要自性的帮助，那就寻求神的帮助。

提问者：很多人都害怕失去自我，认为这是他们在世上存在的根基。

阿玛：如果你真的想寻求神的帮助来认识自性，那就不必害怕失去你的自我，这个小的我。

提问者：不过，通过让自我强大起来我们获得了世俗成就，那是直接和即刻的体验。相反，失去自我的话，体验就没那么直接和即刻了。

阿玛：这就是为什么在认识自性的道路上，信仰是如此重要。若想让一切事恰当地运作并产生正确的结果，就需要建立正确的连接，接进正确的资源。就自性之道而言，这种连接和资源都在内在。当你契入它，就会有直接和即刻的体验。

自我只是一个小火苗

阿玛：自我是一个随时都会熄灭的小火苗。

提问者：从这个角度，您怎么描述自我呢？

阿玛：你所聚集的一切——名利、金钱、权力、地位——只是给自我这个随时都会熄灭的小火苗添油。甚至身心也是自我的一部分，都是无常的，因此也只是这渺小火苗的一部分而已。

提问者：但是，阿玛，这些对普通人来说，都是很重要的事情。

阿玛：它们的确很重要，但这并不代表它们是恒常的。说它们微不足道，是因为它们无常，你随时都可能失去它们，时间会在不经意间将它们夺走。使用它们、享受它们，都没有问题，但认为它们是恒常的，就错了。换句话说，就是要明白它们转瞬即逝，所以不要太引以为豪。

人生最重要的事，是与恒常不变，与神或自性，建立内在的连接。神是源头，是我们生活和生命的真正中心，其他都是次要的。只有当你与神——真正的中心——而不是次要的东西建立上连接时，真正的"自助"——自性的帮助，才会发生。

提问者：阿玛，通过熄灭自我这个小火苗，我们能获得什么吗？就不说获得了，我们甚至可能会失去个人身份。

阿玛：当然，熄灭自我这个小火苗，你会失去这个渺小的、有局限的个人身份。但是，比起你的收获，这个损失实在是不算什么。你会获得纯粹知识之太阳，永不熄灭之光。另外，当你失去这个渺小的、有限的自我身份时，你会与比那最大还大的，与整个宇宙，与圆满自性合一。若想有这样的体验，你需要一位上师的持续指引。

提问者：失去我的身份！这难道不可怕吗？

阿玛：你只是失去小我的身份，而真我自性是永远都不可能失去的。听上去可怕，是因为我执。我执越强，你就越害怕，也越脆弱。

新闻

记者:阿玛,您对新闻和新闻媒体有什么看法?

阿玛:非常好,如果他们诚恳如实地履行对社会的责任。他们对人类有很大的贡献。

阿玛听过一个故事:从前,有一群男人被派到森林里工作一年,两个女人被派去给他们做饭。合同结束时,其中两个男工人娶了这两个女人。第二天,报纸刊登了一条热点新闻:"2%的男人娶了全部的女人!"。

记者很喜欢这个故事,大笑了一场。

阿玛:如果是为了幽默,这样的报道还可以。但如果是要诚实报道,这样可不行。

好时巧克力和第三眼

一位信徒在冥想时打起了瞌睡。阿玛向他扔了一颗好时巧克力。阿玛扔得很准,巧克力刚好打在信徒的眉心。信徒吓了一跳,他睁开眼睛,拿起巧克力四处张望,想搞清楚巧克力是从哪儿来的。看到他纳闷的样子,阿玛放声大笑。这时信徒意识到是阿玛扔过来的,他的脸亮了起来。他用巧克力碰触了一下自己的额头,好似叩拜。下一秒他笑出了声,起身走向阿玛。

提问者:巧克力打对地方了,刚好在双眉之间的能量中心,也许会帮我打开第三眼。

阿玛:不会的。

提问者:为什么?

阿玛:因为你说"也许",这说明你在怀疑,并没有完全相信。你都不信,这怎么可能发生呢?

提问者:您是说,如果我全然相信,就会发生,是吗?

阿玛:是的,如果你有全然的信念,随时随地都能觉悟。

提问者:您当真吗?

阿玛:那当然。

提问者：哦，我的天啊，我失去了一个绝佳的机会！

阿玛：没关系，保持觉知，保持警醒，机会还会再来的。要有耐心，继续努力。

那人看上去有点失望，转身走向自己的座位。

阿玛：（轻拍他的背）话说回来，你刚才为什么大笑？

听到这个问题，信徒又笑出了声。

提问者：刚才冥想的时候我做了个美梦，梦见您朝我扔了一颗好时巧克力来叫醒我。我突然就醒了，但过了好一会儿我才意识到，您真的扔了一颗好时巧克力给我。

听到这儿，阿玛和其他信徒都哈哈大笑了起来。

觉悟的本质

提问者：您有特别担心或高兴的事吗？

阿玛：外在的阿玛会为她的孩子们的幸福操心。为了帮助孩子们心灵成长，有时她甚至会表现出高兴或生气的样子。但是内在的阿玛是如如不动和出离的，永远安住在极乐与清净中。由于她对全局了了分明，所以她丝毫不受外界的任何影响。

提问者：形容觉悟境界的词有很多，比如，不可动摇、坚定、稳固、不变，等等，这听上去像是个坚如磐石般的境界。阿玛，请帮我更好地理解这一点。

阿玛：这些词汇用来表达内在的出离状态，即从旁观照一切的能力——从一切事中抽离出来。

但是，觉悟不是一种石头一样的，没有任何内在感受的境界。觉悟是一种生命状态，一种心灵成就，你能够随时摄心和入定。在你契入无限能量的源头后，你感受万事万物的能力和表达的能力都会增添一种特别的、出尘的美感和深度。只要一个觉者愿意，他或她可以示现任何程度的情感。

当魔王罗波那（Ravana）掳走罗摩（Rama）的神圣

伴侣悉多（Sita）时，罗摩哭了。事实上，他就像一个凡人那样恸哭。他问森林里的每一个生灵："你看见我的悉多了吗？她去哪里了，留下我一个人？"克里希那（Krishna）在见到他久未谋面的好朋友苏达摩（Sudama）时，眼里也充满了泪水。类似的事也发生在耶稣和佛陀的生活里。这些觉者就像无限的空间一样宽广，所以他们能够映照任何他们想要示现的情感。他们是映照，而不是冲动反应。

提问者：映照？

阿玛：觉者就像一面镜子，他们是完全自发地应对人生种种境遇。饿了要吃是一种自发反应。但是，只要见到食物就吃则是一种冲动反应，也是一种病态。觉者行事，是自发地应对面前的事情，并丝毫不受影响地从容前行。

觉者感受情感，示现情感，并且毫无保留真诚地与他人分享，这只会给他们增添光辉与荣耀。将其视为弱点是错误的。其实这是觉者以更加人性化的方式来表达他们的慈悲与爱，否则，凡人如何能懂觉者的关怀和爱？

见者

提问者：是什么阻碍了我们体验神性？

阿玛：一种相异分离的感受。

提问者：我们怎么才能去除这种感受呢？

阿玛：通过提高觉照力。

提问者：觉照什么呢？

阿玛：觉照一切内外境。

提问者：我们如何提高觉照力呢？

阿玛：当你理解到妄心所投影的一切都毫无意义时，觉照力就出来了。

提问者：阿玛，经文上说妄心是没有生命的，但您说妄心会投影，这两种说法听上去有矛盾。如果妄心是没有生命的，又怎么会投影呢？

阿玛：这就像人们，特别是小孩子，对着无限的天空想象出各种各样的形象一样。小孩子会看着天空说："这是个战车，那是个魔鬼。噢，你看！天神的脸好美！"等等。难道说那些形象真的在天空中吗？并不是，那是小孩子们在浩瀚的天空中想象出来的。事实上，是云朵形成那些象；而天空，这无限的空间，只是在那里。所有的名和相，都只是投影上去的。

提问者：但如果妄心是没有生命的，它又怎么可能投影或者遮蔽梵我呢？

阿玛：虽然看起来好像是妄心在看着一切，但是真正在看的是梵我。妄心由习气构成，而习气就像一副眼镜，每个人都戴着不同颜色的眼镜。相应的，我们透过不同颜色的眼镜，认知和评判这个世界。在眼镜之后，梵我如如不动，观照一切，以其存在照亮一切。但是我们却错把妄心当成了梵我。比如我们戴了一副粉色的太阳镜，我们看到的世界不就成粉色的了吗？这里谁是真正在看的那个？"我们"才是真正的见者，这副太阳镜是没有生命的，不是吗？

我们站在树后就看不到太阳，这难道意味着树有能力遮蔽太阳吗？不，这仅仅说明我们的眼睛和视力是有局限性的。以为妄心能遮蔽梵我也是同样的道理。

提问者：如果梵我就是我们的本性，为何还要那么努力去认识它呢？

阿玛：人们有个错误的观念，就是以为他们可以通过努力而获得一切。事实上，这个努力是我们心中傲慢的体现。在走向神的旅程中，所有源于我执的努力都会土崩瓦解，注定失败。这其实是一个神圣启示，说明我们需要臣服，需要恩典。这最终能帮助我们意识到我们努力的局限，和自我的局限。简而言之，努力本身教导我们，仅仅通过努力，是无法实现我们的目标的，最终，恩典才是决定因素。

无论是想要觉悟还是追求世俗成就，恩典都是实现目标的要素。

纯真是神圣能量

提问者：纯真的人有可能也是软弱的人吗？

阿玛："纯真"这个词在很大程度上被曲解了，它甚至用来指代被动和胆小的人，并且，无知的人和不识字的人也经常被认为是纯真的。无知不是纯真，而是缺乏真爱、辨别力和正知见；而真正的纯真则是具有辨别力和正知见的真爱，它是神圣能量。甚至胆小的人也有我执。而真正纯真的人，是真正的无我之人，所以他或她才是最具力量的人。

阿玛只能这样

阿玛在给达善时问一位信徒：你在想什么？

信徒：我在想，您怎么能充满耐心、神采奕奕地坐这么长时间呢。

阿玛：（笑）孩子，你怎么能从不间断、一刻不停地想事情呢？

信徒：它就是这么发生的，我只能这样。

阿玛：所以，这就是答案：它就是这么发生的，阿玛只能这样。

就像认出你的挚爱

有个男人问了阿玛一个问题，关于追随虔诚爱之道的修行人，对爱者与被爱者的态度。

阿玛：爱随时随地都可能发生。这就像在人群中认出你的挚爱。虽然她站在千万人之中，站在角落里，但你一眼就看见她，你眼里只有她。你认出她，和她交流，爱上她，对吗？你的思考停下了，有那么一瞬间，你安住在心中，在爱中。同样的，一切都发生在刹那之间，你就安住在那里，在心的中心，也就是纯粹之爱。

提问者：如果那是爱真正的中心，又是什么让我们分心，偏离了它呢？

阿玛：占有欲，换句话说，就是执着。它扼杀了那纯粹存在的美。一旦执着占上风，你就会迷失，爱就变成了痛苦。

"相异分离"的感受

提问者：我这辈子能达到三摩地吗？

阿玛：有何不可？

提问者：那我应该怎么做才能加快这个进程呢？

阿玛：首先，忘掉三摩地，带着坚定的信念全然专注于你的修行上。一个真正的修行人相信当下，而不是未来。当我们把信念贯注在当下此刻，我们所有的能量也就汇聚在了此时此地。其结果就是臣服。臣服于当下，它就会发生。

当你从妄念中抽离出来的时候，一切就会自发地发生。一旦发生，你就会全然安住于当下。妄心是你内在的那个"其他的"，正是妄心创造了这种"相异分离的"感觉。

阿玛给你讲个故事：曾经有一位知名的建筑师，他有好几个学生。他跟其中一个学生的关系很特别。没有这位学生肯定，他不会开展任何工作。如果这个学生不赞同他的设计草图，他会马上放弃，然后一幅接一幅地绘制新图，直到学生认可为止。这位建筑师太在乎这个学生的意见了，除非学生说"好的，老师，现在您可以着手这个设计了"，否则他绝不会进行下去。

有一次，他们应邀设计一扇庙门。建筑师开始画各种草图，并一如既往地给这个学生看。学生否定了所有的设计。建筑师夜以继日地画了上百张图，但是没一张是学生喜欢的。截止日期快到了，他们必须尽快完成这个项目。就在这个当口，建筑师让学生去给他的钢笔加墨水。过了好一会儿，学生才回来。与此同时，建筑师全神贯注地设计新的图案。学生一进门，建筑师刚好完成了新设计，他拿给学生看，问道："这张如何？"

学生兴奋地叫起来："太好了，就是这个了！"

"现在，我知道为什么了！"建筑师回答说，"我一直太在乎你和你的观点了，所以无法百分之百地专注在我当下做的事情上。刚才你不在的时候，我感到很轻松自在，并且能安住于当下。一切就这么发生了。"

事实上，制造障碍的并不是这个学生，而是建筑师对学生意见的执着。一旦脱离了这个执着，他瞬间就回到了当下，真正的作品随之诞生。

坐在那儿幻想三摩地会在未来发生，这种幻想会浪费掉你很多的能量（Shakti）。正确地引导能量，用来专注于当下，自然就会进入禅定或三摩地。目标并不在未来，而在当下。安住于当下就是三摩地，这才是真正的冥想。

神是男还是女？

提问者：阿玛，神是男还是女？

阿玛：神既不是男也不是女，神超越了这些有限的定义。神是"祂"或"那"。但是，如果要给神一个性别的话，那女性更好些，因为她（She）包含了他（He）。

提问者：这个回答可能会惹恼男人，因为女人被放在了更高的位置上。

阿玛：男人和女人没有谁比谁更高，因为神赋予两性属于各自的美好位置。男人和女人不是来互相竞争的，而是来圆满彼此的。

提问者：这里"圆满"指的是什么呢？

阿玛：互相支持，一同走向圆满。

提问者：阿玛，您不觉得很多男人自认为比女人优越吗？

阿玛：无论是"优越"还是"卑微"的感觉都是我执的产物。如果男人觉得，"我们比女人优越"，这仅仅表明了他们膨胀的自我，这显然是个很大的缺点，也具有毁灭性。同样的，如果女人认为她们不如男人，这也只是意味着"我们现在不如男人，但我们想比男人优越"。这不是我执，还能是什么？这两种态度都不正确，也不健康，只会加剧男女之间的隔阂。如果我们不通过给予男女双方应有的尊重与爱来弥合这个鸿沟，那么人类的未来就只会更加黑暗。

心性之道创造平衡

提问者：阿玛，您说神更像是"她"而不是"他"，您指的不是外表吧？

阿玛：不，不是外表，内在的领悟才是重要的。每个男人的内在都有一个女人，反之亦然。男人内在的女人——也就是指男人内心的真爱与慈悲心——应该觉醒。这就是印度信仰里示现一半男性一半女性的神明（Ardhanarishwara）所代表的重要意义。如果女人内在的阴性品质在沉睡，她就没有母性，并且远离了神。但是如果男人内在的阴性品质觉醒了，他就更有母性，也更接近神。阳性品质也是这样。心性之道的目标就是要在阴与阳之间创造恰当的平衡。所以，内在觉醒比外表更重要。

执着与爱

一位中年男人向阿玛倾诉他离婚的伤心事。

提问者：阿玛，我那么爱她，为了让她开心，我做了我能做的一切，但悲剧还是发生了。有时候我觉得很崩溃。请帮帮我吧，我应该怎么做？我怎么才能摆脱这种痛苦呢？

阿玛：孩子，阿玛理解你的苦，要克服这么令人沮丧的事，确实很难。但是，对你所经历的事情有正确的理解也很重要，尤其是它现在已成为你人生的绊脚石。

你最需要反省的是，这个痛苦到底是来自于真爱，还是执着。真爱里没有自毁的痛苦，因为你只是爱她，而不占有她。也许你太执着她了，或者是占有欲太强，这才是让你痛苦和沮丧的原因。

提问者：您有什么简单的方法来帮我克服这种自毁的痛苦吗？

阿玛：你应该问自己："我是真的爱她还是太执着了？"，并深入地反省。很快你就会发现，我们所说的爱其实就是执着。大多数人渴望的是执着，而不是真爱。所以，阿玛会说这是虚妄的。从某种程度上来说，我们在背叛自己。我们错把执着当成爱。爱是中心，执着是外围。安住在中心，离开外围，这样痛苦就会消失。

提问者：（坦白的语气）您说得对，我意识到我对前妻主要还是执着，不是爱，就像您所解释的那样。

阿玛：如果你已经意识到痛苦的根源，那就放下它，自在起来。病已经确诊了，也找到了被感染的部分，现在去除它。你为何要背负这个不必要的负担呢？扔掉它吧。

如何克服人生中的危险

提问者：阿玛，我怎样能认出人生中迫在眉睫的危险呢？

阿玛：增强你的辨别力。

提问者：辨别力就是心的微细层面吗？

阿玛：它是心的一种能力，在当下保持观照。

提问者：但是阿玛，它怎么警告我未来的危险呢？

阿玛：如果你能在当下保持观照，就能在未来面对更少的危险。但是，你不可能逃离或避免所有的麻烦。

提问者：吠陀占星（Jyotish）能帮助我们更好地了解未来，避免潜在的危险吗？

阿玛：就算再厉害的占星师，也会经历人生的困难。占星师里也有没什么辨别力和直觉的人，这样的人害人也害己。占星知识或星盘解读并不能让你避开人生中的危险。你对生命的深刻理解，以及带着辨别力处理人生中不同的境遇，才能真正帮助你获得更多的平静，问题也会随之减少。

提问者：辨别力和理解力是一回事吗？

阿玛：是一回事，你的辨别力越强，理解力就越强，反之亦然。

你越能安住于当下，就越能保持观照，领悟也就越多。你会接收到更多来自神的启示，人生每一时刻都会给你带来启示。只要你敞开心扉接纳，就能感受到。

提问者：阿玛，您是说这些启示会帮我们认出未来潜在的危险吗？

阿玛：是的，你会从中获得一些提示和信号。

提问者：什么样的提示和信号呢？

阿玛：你是如何知道自己会有偏头痛的呢？你会开始觉得身体上不舒服，并注意到你有黑眼圈，不是吗？一旦症状出现，你就会对症下药，就有好转。同样的，生活中发生危险或失败之前，也会有某些信号出现。人们通常错过这些信号。但是，如果你的心更清明，更有接纳性的话，你就能感受到它们，并采取必要措施去克服困难。

阿玛听过一个故事：一位记者采访一位成功的企业家。记者问："先生，您成功的秘诀是什么？"

企业家："五个字。"

记者："哪五个字？"

企业家："正确的决定。"

记者："那您怎么做出正确的决定呢？"

企业家："两个字。"

记者："哪两个字？"

企业家："经验。"

记者："您怎么获得这样的经验呢？"

企业家："五个字。"

记者："哪五个字？"

企业家："错误的决定。"

所以你看，孩子，一切都取决于你如何接受和理解各种境遇，并臣服。

阿玛再给你讲个故事：俱卢族（Kauravas）应坚战（Yudhishthira）的邀请，来参观般度族（Pandavas[4]）的王都——因陀罗普罗斯陀（Indraprastha）。王都的设计非常巧妙，有些地方看起来像美丽的湖泊，实际上只是

---

[4] 般度族（Pandavas）和俱卢族（Kauravas）是摩诃婆罗多（Mahabharata）战争中的对立双方。

普通的地板。还有一些地方看起来是普通的地板，但实际上却是装满水的水池。整个王都都笼罩在一种梦幻的气氛之下。当最年长的难敌（Duryodhana）带领100个俱卢兄弟走过花园时，他们误以为面前是个水池，差点儿脱衣服下去游泳，但那不过是看似水池的普通地板而已。没过多久，所有的兄弟，包括难敌，都掉进了一个看似普通地板的水池，全身湿透。五兄弟的妻子般遮梨（Panchali），看到这滑稽的一幕放声大笑。难敌和他的兄弟们觉得受到了极大的侮辱。

这就是引发俱卢兄弟的巨大愤怒和复仇欲望的关键事件之一，导致了日后的摩诃婆罗多战争（Mahabharata War），带来了巨大的破坏。

这个故事很有寓意。在现实生活中，也会有很多看起来非常危险的情况，我们会采取一系列措施来预防，但最终却发现并没有什么危险。而有些看似安全的情况，最终却可能非常危险。没有什么事是无关紧要的。这就是为什么在面对人生以及人生带来的种种经历时，拥有敏锐的辨别力、警觉性和觉照力（统称Shraddha）非常重要。

不要囤积神的财富

提问者：囤积和占有是罪过吗？

阿玛：只要你有慈悲心，就不是罪过。换句话说，你必须愿意与穷困之人分享。

提问者：否则会怎样呢？

阿玛：否则就是罪过。

提问者：为什么？

阿玛：因为这里的一切都属于神，我们只是暂时拥有，所有的一切都是来了又去。

提问者：但是，难道神不希望我们使用祂为我们创造的一切吗？

阿玛：当然希望，但神并不希望我们滥用这一切，神希望我们带着辨别力来享受祂所创造的一切。

提问者：什么是辨别力呢？

阿玛：辨别力指的是以不误导你的方式运用知识。换句话说，辨别力就是运用知识来辨别正法与非正法、恒常与无常。

提问者：那我们如何带着辨别力来使用世间之物呢？

阿玛：放弃你的拥有权——视一切为神的，然后享用它们。这个世界是个临时的站点，你只是个访客，在这里短暂停留。出于无明，你把一切以及每一寸土地都划分为这是你的，那是他的。你宣称属于你的那片土地，也曾经属于过许多其他人。而现在，它以前的主人都已埋葬在这里了。今天也许轮到你来扮演主人的角色，但要记住，总有一天你也会消失，然后会有另一个人来接替你的位置。所以，声称自己是拥有者有什么意义呢？

提问者：那我应该扮演什么角色？

阿玛：作神的仆人。神是万物的给予者，祂想让你跟所有人分享祂的财富。如果这是神的意愿，那么你又有什么资格将它据为己有呢？如果你违背神的意愿，拒绝分享，那就是囤积，相当于偷窃。对这个世界你们要有访客的态度。

曾经有个人去拜见一位圣人，他发现圣人屋里什么家具或装饰都没有，便问："奇怪，这里为什么没有家具？"

"你是谁？"圣人问他。

"我是个访客。"那人回答。

"我也是。"圣人说，"所以，我为什么要不明智地囤积呢？"

阿玛与自然

提问者：您跟大自然是什么样的关系？

阿玛：那不是一种关系，而是合一。爱神的人也是爱自然的人，因为神与自然不是分离的两者。一旦觉悟，你就会和整个宇宙连接在一起。在阿玛与自然的关系中，没有爱者，也没有被爱者，唯有爱。没有二，只有一，只有爱。

通常，人际关系中缺乏真爱。在世俗的爱里，有两个部分，或者也可以说有三个部分——爱者、被爱者和爱。但在真爱中，爱者和被爱者都消失了，留下的只有对纯洁的、无条件之爱的不间断体验。

提问者：对人类来说，自然是什么？

阿玛：对人类来说自然意味着生命，是我们生存不可或缺的。那是一种在生命各个层面时刻都在发生的内在联系。我们不仅完全依赖自然，而且还与自然相互影响。当我们真正爱自然时，自然也会以同样的爱来回应我们，并将她无尽的资源与我们分享。就像我们真正爱一个人一样，我们对自然的爱也应该是无限忠诚、耐心和慈悲的。

提问者：这是一种相互交换吗？还是相互支持？

阿玛：两者都是，而且不仅如此。即使没有人类，自然也会继续存在。她知道怎么照顾好自己，但人类的存活却需要自然的支持。

提问者：如果自然与人类之间的关系变得圆满了，会怎样？

阿玛：自然就不再对我们有任何隐瞒，她会打开她无尽的自然宝藏让我们享用。她会像母亲那样保护我们，培育我们，滋养我们。

人类与自然的完美关系会造成一个循环的能量场，在这个场里人类和自然的能量开始流入彼此。换句话说，当人类爱上自然，自然也会爱上人类。

提问者：为什么人们对自然这么残忍呢？是因为自私还是因为缺乏理解？

阿玛：两者都有。事实上，是因为缺乏理解，所以才有自私的行为。

从根本上说，就是无明。因为无明，所以人们才认为可以随意从自然中索取而不需要给予。大部分人类只知道剥削。出于完全的自私，他们不考虑自己的同胞。在当今世界，人与自然的关系不过是我们内在自私的体现而已。

提问者：阿玛，您说的考虑他人指的是什么？

阿玛：阿玛是说要带着慈悲心为他人着想。为他人着想，无论是对自然还是人类，首当其冲要培养的品质，就是深深地连接到自己的良知。真正意义上的良知，是能够视人如己。就像你在镜子里看到自己，你把他人也看作是你自己。你映照出他人，映照他们的感受，无论快乐还是悲伤。我们要在与自然的关系之中培养这种能力。

提问者：这个国家的原始居民是美洲原住民。他们崇敬大自然，与大自然有很深的连接。您是不是觉得我们也应该这么做？

阿玛：每个人该做什么取决于他们的心态。但是，自然是生命的一部分，是整体存在的一部分。自然就是神，崇敬自然就是崇敬神。

主克里希那膜拜戈梵达那山（Govardhana），这给我们上了一课：把崇敬自然作为我们日常生活的一部分。他要求他的子民们崇敬戈梵达那山，因为它保护他们。同样的，主罗摩在建造跨海大桥之前，苦修了三日以取悦大海。圣人们都对大自然极其尊重和关切，在做任何事情之前，他们都会先祈求自然的祝福。印度有供奉鸟类、动物、树木，甚至蜥蜴和毒蛇的庙宇，这是为了强调人与自然关系的重要性。

提问者：阿玛，对于重建人类与自然之间的关系，您有什么建议吗？

阿玛：让我们充满慈悲心，并体谅他人。让我们在自然中只取所需，并尽量回报自然。因为只有通过给予，我们才能获得。祝福是对我们处事方式的一种回应。如果我们带着爱去接近自然，将她视为生命，视为神，视为我们存在的一部分，那么她就会变成我们最好的朋友，一个可以永远信任的朋友，永远不会背叛我们的朋友。但是，如果我们以错误的态度对待自然，那么，自然就不会以祝福回应我们，而是给我们消极的回应。如果我们不用心处理好与自然的关系，自然就会转而与人类对抗，其后果可能是灾难性的。

由于人们的不当行为以及对自然的完全漠视，神创造的许多美好造物都已经绝迹了。如果我们再继续这样下去，只会给灾难埋下伏笔。

舍离，人类生命的至高点

提问者：什么是舍离？

阿玛：舍离是人类生命的至高点，是人生的圆满。

提问者：舍离是一种心境吗？还是其他什么？

阿玛：舍离既是一种心境，也是一种"无心之境"。

提问者：阿玛，您怎么解释这种境界，无论它叫什么？

阿玛：解释世俗的体验都很难，更何况舍离这种最高境界？那是一种人在内在有全然的选择自由的境界。

提问者：阿玛，我知道我问得太多了，但"内在的选择自由"是什么意思？

阿玛：人类是他们念头的奴隶，人心不过就是源源不断的念头而已。这些念头造成的压力，会让你在面对人生境遇时变得无助。每个人心里都有无数粗重和微细的念头和情绪。大多数人因为不能仔细观察辨别好坏，辨别建设性的和破坏性的，所以很容易跟随自己的冲动以及负面情绪。而在舍离的至上境界中，一个人可以选择认同或者出离情绪和念头。你可以选择配合或者不配合念头、情绪和情境。即使你选择认同它们，你也可以在任何时候选择出离它们并继续前行。这才是完全的自由。

提问者：托钵僧穿的赭色衣服有什么意义吗？

阿玛：它代表内在成就，或你渴望实现的目标，也代表你对世俗成就不再有兴趣——公开宣示你的人生完全奉献给了神和觉悟。这意味着你的身心被出离之火吞噬，不再属于任何国家、种姓、信仰、教派或宗教。但是，舍离并不是穿上彩色的袍子而已。

衣服只是一个象征，它象征着一种生命状态，超越的状态。舍离是你内在对生活的态度和看法发生了转变。你变得完全无我。现在，你不再属于自己，而是属于全世界，你的人生变成奉献，致力于服务人类。在这个状态里，你对他人不再有任何期待或要求。在真正的舍离境界中，你是一种生命存在，而不是这个人格。

在上师给弟子的舍离仪式中，弟子剪下一直蓄在脑后的一小簇头发，并将这束头发和他的神圣丝线[5]一起献入祭火中。这象征着弟子放弃一切对身体、心念和智力的执着，放弃今生和来世的所有享乐。

托钵僧要么蓄发，要么完全剃光。从前，托钵僧都会蓄着长发绺，以示对身体的出离，不再对修饰身体感

---

[5] 神圣丝线（Yajnopavitam）由三条线组成，把它佩戴在身上代表着一个人对家庭、社会和上师的责任。

兴趣，因为真正的美在于认识梵我。身体是变化的，消亡的，而你的真实本性是恒常不朽的梵我，那么执着于身体有什么意义呢？

执着于转瞬即逝的事物，是导致一切悲伤和痛苦的根源。托钵僧觉悟到这个伟大真理——外在的世界是转瞬即逝的，而给一切赋予美和魅力的梵我则永恒不朽。

真正的舍离不是可以被给予的，而是一种悟。

提问者：这意思是它是一种成就吗？

阿玛：你又在问同样的问题。舍离是所有准备工作的结晶，这个准备过程就叫修行。

你看，原本不属于我们的，不是我们一部分的，我们才能说获得。而舍离是我们生命的核心，是真正的我们。在意识到这一点之前，你可以姑且称之为一种成就，不过一旦你悟到真正的知识，你就会明白这才是真正的你，你从来没有离开过它，也永远不可能离开。

这个知道我们真正是谁的能力，存在于我们每个人的心中。只是我们忘记了。应该有人提醒我们这在每人之内的无限力量。

给你举个例子：有个人靠乞讨为生。有一天，一个陌生人走过来对他说："喂，你在这儿做什么？你并不是乞丐啊，也不是吉普赛人一样的流浪汉，你可是个百万富翁啊。"

乞丐不相信陌生人的话便走开了，完全不理他。但陌生人还是跟上乞丐，继续善意地说："相信我，我是你的朋友，我想帮助你。我告诉你的这些都是真的，你真的是个有钱人，你所拥有的财宝其实离你非常近。"

这话勾起了乞丐的好奇心，他问："离我非常近？它们在哪里？"

"就在你住的小茅屋里。"陌生人回答说，"你只要挖一挖，财宝就永远是你的了。"

现在，乞丐一秒都不想耽搁了，他立马赶回家，挖出了宝藏。

这个故事里的陌生人就代表上师，他给我们提供正确的信息，并劝说、说服和激励我们挖出潜藏在内心的无价之宝。我们自己完全忘记了。上师帮助我们认识到我们的真实面目。

法只有一个

提问者：法有很多种吗？

阿玛：不是，法只有一个。

提问者：但是人们谈论不同的法呀？

阿玛：那是因为他们没有看到那唯一的实相，他们看到的是许多不同的名和相。

但是，由于每个人的习气不一样，也可以说法不止一种。比如，音乐家可能说音乐是他的法。同样的，商人可能会说，经商是他的法。这都没问题。但是，人们无法从这些事中感到全然的满足。能给人带来全然满足的，才是真正的法。无论一个人做什么，如果心里不满足，就很难平静，总会有种"缺了什么"的感觉。这个世界上没有任何东西、任何世俗成就，能填补生命里的这种空洞。若想体验圆满，每个人都必须找到自己内在的中心。这才是真正的法。在此之前，你都只是在为寻找平静与喜悦而兜兜转转。

提问者：如果一个人始终不渝地遵循正法，那物质繁荣和心灵成长能双丰收吗？

阿玛：能，如果能真正地遵循正法，那么一定会两者兼得的。

魔王罗波那（Ravana）有两个兄弟，昆巴卡尔纳（Kumbhakarna）和毗比沙那（Vibhishana）。当罗波那绑架了罗摩神（Lord Rama）的神圣伴侣悉多（Sita）时，两兄弟一再警告罗波那，绑架会带来灾难性的后果，并劝他把悉多送还给罗摩。罗波那完全无视他们的恳求，最终向罗摩宣战。虽然昆巴卡尔纳知道兄长的行为是不义的，但出于对兄长的执着和对魔族的爱，最终还是向兄长屈服了。

而毗比沙那则非常虔诚高尚。他无法接受兄长的不义行为，所以继续表达自己的担忧，试图改变哥哥的态度。然而罗波那一点儿都听不进去，也绝不考虑接受他的意见。最后，极度自大的罗波那被弟弟一味的劝诫激怒了，将他逐出国门。后来毗比沙那依止了罗摩。随后的战争中，罗波那和昆巴卡尔纳被杀，悉多被带回。罗摩在回到故乡阿约提亚（Ayodhya）之前，册封毗比沙那为兰卡之王。

在三兄弟中，唯有毗比沙那能平衡世俗的法与终极正法。他是如何做到的呢？这是因为他以合于正法的方式来履行世俗责任，而不是反过来。这种履行世俗责任的方式，会助人抵达终极圆满。而他的两个兄弟，罗波那和昆巴卡尔纳，则恰恰相反，他们以世俗知见来履行正法。

毗比沙那的态度是无私的，他没有要求罗摩封他为王。他只想坚定地扎根于正法。正是这种不可动摇的誓言和决心为他带来了所有的福佑，他获得了物质和心灵上的双重繁荣。

提问者：阿玛，这个故事真好。但是，真正的修行人并不渴求物质繁荣，对吧？

阿玛：对，对一个诚心的修行人来说，觉悟是唯一正法。除此之外，没有什么会让他们满足，其他的一切都不重要。

提问者：阿玛，我还有一个问题。您认为现今世界还有像罗波那和昆巴卡尔纳这样的人吗？如果有的话，像毗比沙那这样的人在社会上生存容易吗？

阿玛：（笑）每个人心里都有罗波那和昆巴卡尔纳，只是程度不同。当然，像罗波那和昆巴卡尔纳这样极端邪恶的人也是有的。事实上，现今世界所见的一切混乱和冲突，都是这种人心的体现。然而，真正像毗比沙那这样的人会活下来，因为他们会依止罗摩，或神，得到庇护。

提问者：我刚才说那是我最后一个问题，但是如果阿玛允许的话，我还想再问个问题。

阿玛：（用英语）好，你问吧。

提问者：您怎么看待这些现代的罗波那？

阿玛：他们也是阿玛的孩子。

团结既是正法

"在这个物质主义的黑暗时代（Kaliyuga），全人类普遍倾向彼此疏离，过着像孤岛一样的生活，没有任何内在连接。这是很危险的，只会加重围绕着我们的黑暗。是爱在人与人之间、人与自然之间架起桥梁，建立起连接。团结一心是当今世界的力量所在，所以，应当把团结看作是这个时代最主要的法（职责）之一。"

虔诚之爱和觉性

提问者：虔诚之爱和觉性之间有什么联系吗？

阿玛：纯粹的虔诚之爱就是无条件的爱，无条件的爱是臣服，完全的臣服意味着完全的敞开，或广阔。这种敞开或广阔就是觉性。那就是神性。

帮助弟子打开封闭的心

提问者：阿玛，您跟您的信徒和弟子们说，想要觉悟，就需要有自己的上师。但是您把一切造物都视为您的上师，您不觉得其他人也可以这么选吗？

阿玛：当然可以。但在修行路上，选择通常是行不通的。

提问者：在您这里就行得通了，不是吗？

阿玛：在阿玛这里，它不是选择，而是自然而然的发生。

你看，孩子，阿玛不会强迫任何人做任何事。信念坚定的人能把每一个积极或消极的境遇，都看成是神给的启示。这样的人不需要外在的上师。但又有多少人有这样的决心和力量呢？

通往神的道路是不能强求的，那样行不通，说不定反倒会破坏整个过程。在这条路上，上师必须对弟子有极大的耐心。就像花蕾绽放成一朵美丽芬芳的花儿，上师帮助弟子完全打开封闭的心。

弟子是无明的，上师是觉醒的。弟子对上师以及上师所运作的那个境界一无所知。出于无明，弟子有时可能会极不耐烦。出于爱批判他人的习气，他们甚至会挑上师的毛病。在这种情况下，只有完美上师无条件的爱和慈悲才能真正帮助弟子。

感恩的意义

提问者：对上师或神感恩的意义何在？

阿玛：那是谦卑、敞开和虔诚的态度，有助于你接收神的恩典。一个真正的上师没有什么得与失。上师是出离的，无论你感恩与否，他都不受影响。但是，感恩的态度能帮助你接收神的恩典。感恩是一种内在的态度。对神心怀感恩，这是走出身心所造的狭隘世界，进入广阔内在世界的最好办法。

身体背后的力量

提问者：每个灵魂都是不同的、独立存在的吗？

阿玛：电会流经电风扇、电冰箱、电视机和其他电器，电的载体不同，但电流本身有不同吗？

提问者：没有。但是人死后，灵魂是独立存在的吗？

阿玛：由于他们的业（过去行为的业果）和累积的习气不同，他们看似是独立存在的。

提问者：那死了以后，灵魂还有欲望吗？

阿玛：有，但他们无法满足这些欲望。这就像一个完全瘫痪的人站不起来，无法随心所欲地拿取东西一样。

由于没有肉身，灵魂无法满足自己的欲望。

提问者：他们这样得多久？

阿玛：这取决于他们的随伴业（Prarabdhakarma）有多少。

提问者：随伴业都消了以后会怎么样？

阿玛：他们会再次出生，不断轮回一直到觉悟。

出于对身心的认同，我们认为："我是行动者，我是思考者"，诸如此类。事实上，如果没有梵我，身心都无法运作。没有电流，机器能运转吗？不正是电流带动了机器吗？如果没有电流，再巨大的机器也不过是一大堆废铜烂铁。同样的，无论我们是谁、在做什么，正是梵我帮助我们做一切事。没有梵我，我们就只是没有生命的物质。忘记梵我，只在乎肉身，就像忽视电流而爱上机器一样。

两个重要经验

提问者：完美上师可以选择自己出生和死亡的时间和经历吗？

阿玛：只有一个完美的灵魂才能完全掌控这些事，其他人在面对这两个重要经验时都是完全无助的。没有人会问你想出生在哪，或者你想成为谁，做什么事。同样的，你也不会收到任何信息询问你是否准备好死去。

当梵我不复存在，无论是总抱怨自己房子太小的人，还是坐拥豪宅的人，都只能宁静安详地躺在狭小的棺材里。那些一秒都离不开空调的人，在遗体被火化时也绝不会有任何意见。为什么呢？因为现在这具身体只是一个没有生命的物体。

提问者：死亡很可怕，对吗？

阿玛：对于那些充满我执、从未思索过超越身心的实相的人来说，死亡是很可怕。

为他人着想

有位信徒请阿玛简明扼要地解释什么是心性之道。

阿玛说:"心怀慈悲地为他人着想就是心性之道。"

"太好了。"说完他起身要走,阿玛突然抓住他的手,说:"坐下来。"

他听话地坐了下来。阿玛一手抱着正在接受达善的信徒,一边侧身靠向他,用英语轻声地问:"故事?"

他有点困惑,问:"阿玛,您想让我讲个故事吗?"

阿玛笑着回答:"不是,你想听个故事吗?"

男人兴奋地回答说:"我当然想,我真是太幸运了。"

于是,阿玛开始讲:

"有一天,有个人张着嘴睡觉,一只苍蝇飞了进去。从此以后,这个人就一直觉得苍蝇在他身体里。

"随着对苍蝇的想象越来越丰富,这个可怜人也越来越担心。很快,他的担心变成了强烈的痛苦和抑郁。他吃不下,睡不着,生活中也没了乐趣,脑子里总想着苍蝇。人们总是能看到他试图驱赶身体里的苍蝇。

"为了摆脱这只苍蝇,他找了很多医生、心理学家和精神病医生,也寻求过各种其他帮助。每个人都说:'你

看，你好好的，你身体里没有苍蝇。就算有苍蝇飞进去也早就死了。别担心了，你没事的。'

"但是这个人一点也不相信，继续痛苦着。有一天，他的一个好友带他去见一位圣人。圣人非常认真地听了苍蝇的故事，然后检查了他的身体，说：'你是对的，你身体里的确有一只苍蝇，我看到它在动。'

"圣人看向他张大的嘴里，说：'哦，我的天啊！你看呀！这几个月来它都长大了。'

"圣人话音刚落，那人转头跟他的妻子和朋友说：'你们看，那些傻瓜什么都不懂，只有这个人才懂我，他一下子就发现了那只苍蝇。'

"圣人说：'千万不要动，哪怕动一下都会扰乱整个过程。'接着他用一条厚厚的毯子把这个人从头到脚包住。'这样会更快，我想让你整个身体甚至身体里面都漆黑一片，让苍蝇什么也看不见。所以连眼睛都不要睁开。'

"这个人已经极其信任圣人了，所以不管圣人说什么他都百分之百愿意去做。

"'现在放松，不要动。'说着，圣人走进了另一个房间，想活捉一只苍蝇。最后，他成功地捉到了一只装在瓶子里带了回来。

"圣人开始一边用手在病人身上轻轻移动，一边跟病人描述苍蝇的动向。他说：'好，不要动，苍蝇现在就在你的肚子……我来不及捉，现在它又飞到肺部了。我快捉住它了……哦不，它又逃了！……天哪，它的速度真是太快了！……现在它又飞回肚子上……好了，现在我要念个咒语，让苍蝇停住。'

"然后，他假装从这个人的肚子里捉到了那只苍蝇，并把它取了出来。几秒钟后，圣人把毯子掀开，让他睁开眼睛，然后给他看那只刚才捉进瓶子里的苍蝇。

"那人高兴极了，开始手舞足蹈。他对妻子说：'我跟你说了一百遍了，我是对的，那些心理学家都是傻瓜。现在我就去找他们，把我的钱都要回来！'

"事实是根本没有苍蝇。唯一不同的是圣人为这个人着想，而其他人没有。那些人说的是事实，但对他没有帮助。然而，圣人支持他，同情他，理解他，并给予他真正的慈悲。这帮助他克服了自己的弱点。

"圣人对这个人，对他的痛苦、他的精神状况有更深的理解，所以圣人降到他的理解水平，用他能理解的方式跟他交流。然而其他人只是停留在自己的理解水平，并没有真的为病人考虑。"

阿玛停了一下，然后继续说："孩子，这就是通向觉悟的整个过程。上师把弟子的无明之蝇，也就是自我，当作是真的。由于为弟子着想，理解他的无明，上师获得弟子完全的配合。没有弟子的配合，上师什么也做不了。不过，真正有参究之心的弟子会乐意配合真正的上师，因为上师会充分地为弟子着想，周全考虑弟子的弱点，并帮助弟子觉醒。一位真正上师的真正任务是帮助弟子也能成为从容面对一切境遇的大师。"

爱的子宫

提问者：我最近在一本书里读到，我们都有一个精神子宫。这样的东西存在吗？

阿玛：这可能只是个例子，因为不存在所谓"精神子宫"这样的可见器官。也许它是指我们应该在内在培养出感受和体验爱的接受能力。神给予女人子宫这个礼物，她能够怀孕，孕育滋养孩子，最后生下孩子。我们也应以同样的方式在内心创造足够的空间，让爱孕育和成长。我们的冥想、祈祷和唱诵会培育和滋养这个爱，帮助爱这个孩子逐渐成长，超越一切局限。真爱是最纯粹的能量。

修行人特殊吗?

提问者：阿玛，修行和修行人特殊吗？

阿玛：不特殊。

提问者：那是什么呢？

阿玛：修行就是以合于道的方式过完全正常的生活。所以，没有什么特殊的。

提问者：您是说只有修行人才过着正常的生活吗？

阿玛：阿玛有这么说吗？

提问者：没有直说，但您的话暗示了这一点，不是吗？

阿玛：那是你自己对阿玛话语的诠释。

提问者：好吧，那您对大多数生活在尘世的人怎么看？

阿玛：不是大多数人，难道我们不都是生活在尘世吗？

提问者：阿玛，拜托。

阿玛：只要我们生活在尘世，我们就都是尘世之人。但是，在尘世生活中，你如何看待生活及其经历，决定了你是否在修行。你看，孩子，每个人都认为他们在过正常的生活，但是他们是否在过正常的生活，这需要每个人通过正确的反思去发现。我们也应该知道，修行并没有什么不同寻常或超凡脱俗，修行不是为了变得特殊，而是变得谦卑。同时也要明白，得此人身本身就很特殊。

只是个临时站点

提问者：阿玛，为什么出离心在修行中这么重要？

阿玛：不仅仅是修行人，任何想要充分发挥自己的潜力，渴望内心平静的人都必须练习出离。出离是指成为一个观照者（Sakshi），观照人生中的一切经历。

执着给心增负担，出离则给心减负。心的负担越重人就越紧张，也就越想减负。在现今的世界，人心承载的负面思想越来越多，这自然会引发对出离心强烈且真切的需求。

提问者：阿玛，我真的很想培养出离心，但我的信念总是不坚定。

阿玛：只有当你有觉知力的时候，才会有信念。你的觉知越强，信念就越坚定。孩子，把这个世界看成一个临时站点，稍微长一点的站点。我们都是旅客，这只是途中的一站罢了。就像乘坐汽车或火车旅行一样，我们会遇到很多乘客，会相互攀谈，分享对人生和世事的看法。相处一段时间后，我们甚至会对邻座的人产生依恋。但是，每个乘客到了自己的目的地时都要下车。所以，当你遇见某人或安顿在某地时，要保持这个觉知：总有一天你们会分开。培养这个觉知，再加上正面的态度，就一定会指引你面对人生中的各种境遇。

提问者：阿玛，您是说我们应该在尘世中练习出离吗？

阿玛：（微笑）不在尘世间，你还能在哪里学习出离呢？死后吗？实际上，练习出离正是克服恐惧死亡的方法，它确保你有一个毫无痛苦的、幸福的死亡。

提问者：那怎么可能？

阿玛：因为当你是出离的，即使经历死亡时，你仍旧是一个观照者。出离是正确的态度，正确的认知。当你看电影时，如果认同了电影里的角色，并在生活中模仿这些角色，这是好还是坏？当你带着觉知看电影，知道这只是一部电影，你才能真正地享受它。通往内心平静的真正道路，是修行的正知见和生活方式。

你不会永远待在河里洗澡，你在河里洗澡是为了能干净清爽地出来。同样的，如果你想修行，那就把在家人的生活看作消除习气的方式。换句话说，要记住，家庭生活不是为了让你越来越沉浸其中，而是为了消掉它，以及各种相关习气，从业的束缚中解脱出来。你的目标应该是消尽习气，而不是积累习气。

妄心所听到的

提问者：阿玛，您如何定义"妄心"？

阿玛：它是一个工具，它永远听不到别人告诉它的，而只听它想听的。别人告诉你一件事，你的妄心听到的却是另一回事，它会给听到的内容进行剪切、编辑、粘贴等一系列"手术"。在这个过程里，它会删掉一些原本的内容，添加一些其他的，再对其进行诠释和修饰，直到最后变成你想听的样子。然后你说服自己，这就是别人告诉你的。

曾经有个经常跟父母一起来道场的男孩，有一天他的母亲跟阿玛说了一件趣事。因为男孩快要考试了，母亲希望他更用心学习。但男孩没把心思放在学习上，他想出去玩，想看电影。在随后的一场争吵中，男孩最后对母亲说："妈妈，你没听阿玛强调要活在当下吗？看在老天爷的份上，我不明白你为什么这么担心未来的考试,而我在当下还有其他事情要做。"这就是他所听到的。

爱与无畏

为了说明爱是如何消除恐惧的,阿玛讲了下面这个故事。

阿玛:很久以前,有位国王统治着印度的一个城邦,他住的城堡坐落在山顶之上。有个女人每天都会来城堡里卖牛奶,早上六点左右来,晚上六点之前走。每晚六点整,巨大的城门会准时关闭,之后任何人都不得进出,直到第二天早上大门再次打开。

每天早上,当守卫打开大铁门时,这个女人就已头顶着牛奶罐等在那里了。

有一天晚上,女人赶到城门时,六点刚过几秒,大门刚刚关上。女人有个年幼的儿子在家里等着妈妈回家。她跪在守卫们的脚边,含着泪恳求他们放行:"请您可怜可怜我吧,如果我不回到我儿子身边,我可怜的孩子就会不吃不睡,哭上一整夜啊。求您了!让我出去吧!"但是守卫们不肯让步,因为他们不能违背命令。

女人惊慌失措地在城堡里四处找寻,拼命地想找个地方逃出去。一想到她那无辜的孩子在焦急地等待着,她就无法忍受。

城堡四周环绕着石山，森林里长满了荆棘、藤蔓和有毒的植物。夜幕降临了，这位母亲越来越焦急，想回到孩子身边的决心也越来越强烈。她绕着城堡转了一圈，想找个地方爬下山。最后，她总算找到了一个相对不那么陡峭的地方。她把牛奶罐藏在灌木丛中，开始小心翼翼地往山下爬。下山时，她身上好几处被划伤了，但她完全顾不上这些，一心只惦念着儿子，坚持前行。最终，她成功地到达了山脚下。她急忙赶回家和儿子团聚，度过了快乐的一晚。

第二天早上，当守卫打开城堡大门时，看到前一天晚上没来得及出城的女人就站在门外等着进城，不禁大吃一惊。

他们想："如果一个普通的挤奶女工都能设法从我们这坚不可摧的城堡里爬出去，那么敌人必定也能找到某个地方攻进来偷袭。"守卫们意识到情况的严重性，立刻逮捕了这个女人，把她带到了国王面前。

国王是一个成熟且善解人意的人，他的智慧、英勇和高尚的品德广受国民赞誉。他谦恭有礼地接待了挤奶女工。他双手合十问道："哦母亲，我的守卫说您昨晚从城堡逃出去了，如果真有此事，您能不能带我去看看您爬下去的那个地方？"

挤奶女工带国王、大臣们和守卫们来到她爬出城堡的地方。在那里她取回前一晚藏在灌木丛中的奶罐给国王看。国王看着陡峭的山坡，问她："母亲，您能向我们演示一下昨晚是怎么爬下去的吗？"

挤奶女工望着令人生畏的陡峭崖壁，吓得浑身发抖。她喊道："噢不，我做不到！"

"那昨晚您是怎么做到的？"国王问。

"我也不知道。"她回答。

"我知道，"国王和蔼地说，"是您对儿子的爱给了您力量和勇气，令您做到了不可能做到的事。"

在真爱中，人能超越身心及一切恐惧。真爱的力量是无限的。这样的爱包容一切，无所不在。在这种爱中，人能体验到自性的合一。爱是灵魂的呼吸。没有人会说："我只在我的妻子、孩子、父母和朋友面前呼吸，绝不在我的敌人、仇人或虐待我的人面前呼吸。"这样你活不了，你会死掉。同样的，爱是一种存在，它超越一切分别。爱无处不在，爱是我们的生命力。

纯洁无邪的爱让一切成为可能。当你的心中充满爱的纯洁能量时，即使最不可能完成的任务，也会像拈花一样容易。

为什么会有战争?

提问者：阿玛，世界上为什么会有这么多的战争和暴力呢？

阿玛：那是因为缺乏理解。

提问者：缺乏理解是指什么？

阿玛：没有慈悲。

提问者：理解和慈悲有关系吗？

阿玛：有。当真正的理解力产生的时候，你才能学会真心为他人着想，不计较他们的缺点。爱由此发展。当你心中有真爱时，也会有慈悲。

提问者：阿玛，我听您说过，我执是战争和冲突的根源。

阿玛：是这样，不成熟的自我和缺乏理解几乎是一回事。我们用很多不同的词来表达，但基本上指的都是一回事。

当人类失去与内在自性的连接，越来越执着于自我时，就只会有暴力和战争。这就是当今世界正在发生的事情。

提问者：阿玛，您的意思是人们太重视外在的世界了吗？

阿玛：人类物质文明（外在世界的舒适与发展）与精神文明（内在思想和美德的充实，Samskara），应该是同步发展的。但现实是什么样呢？精神价值在急剧退化，不是吗？冲突和战争是人类社会的最低点，而最高点则是精神文明。

下面的这个例子是对世界现状的最好描述。想象一下，在一条非常狭窄的路上，两辆车相向而行，在差点要相撞之前，司机们踩住了刹车。除非其中一人让路，否则两人都走不了。但是两个司机都纹丝不动，固执地毫不退让。要解决这个问题，两人之中得有人能心甘情愿地为对方让路。只有这样，两人才能轻松地驶向各自的目的地。让路的一方也会感到开心，因为正是自己让路，对方才能通行。

我们怎样才能让阿玛开心？

提问者：阿玛，我怎样能为您服务呢？

阿玛：通过无私地为他人服务。

提问者：我能做些什么让您开心呢？

阿玛：帮助别人开心起来，就会让阿玛非常开心。

提问者：阿玛，难道您对我毫无所求吗？

阿玛：有，阿玛想要你开心。

提问者：阿玛，您真美。

阿玛：但这个美也在你之内，你只需要找到它。

提问者：阿玛，我爱您。

阿玛：孩子，事实上，你和阿玛不是分离的两者，而是一体。所以，唯有爱存在。

真正的问题

提问者：阿玛，您说万物是一体，可在我眼里万物都是分离的，为什么会这样？

阿玛：看到万物是分离的或不同的并不是问题，真正的问题在于你无法看到万物背后的一体性。这是个错误的认知，也是一种局限。你需要修正的是你看待世界以及周遭一切的方式。之后，一切都会自动改变。

当我们视力下降，看东西有重影时，就需要矫正视力。就像这样，我们的内在视力也需要矫正，需要安住在圆满境界的上师的指引。

这个世界没问题

提问者：这个世界怎么回事？一切都看上去很糟糕。我们能做些什么吗？

阿玛：这个世界没有问题，问题在于人心，也就是自我。是不受控制的自我给这个世界带来了问题。多一些理解，多一点慈悲，就能带来很多改变。

自我控制着这个世界，人们是他们自我的无助受害者。心思细腻并具有慈悲心的人，在世上很难找到。你应该找到你内在的和谐，在内在找到生命与爱的美丽歌谣，出去为受苦的人们服务，学会先人后己。但不要以爱和服务之名，爱上你的自我。你可以保留你的自我，但要做它的主人。你要为每个人着想，因为那是通往神，通往自性的大门。

为什么要修行?

提问者:人为什么要修行?

阿玛:这就像种子在问,"我为什么要埋在土里,发芽、生长?"

处理能量

提问者：至少有一小部分人在修行后会精神错乱。为什么会这样？

阿玛：修行修的是你有局限的身心，以便容纳宇宙能量(Shakti)，打开内在通往更高觉知的大门。换句话说，修行就是直接应对纯粹的能量。一不小心就可能引发身心问题。举个例子，有光我们才能看见，但光太亮又会刺伤眼睛。同样的，宇宙能量或者极乐，是极其有益的。但如果处理不当，就可能带来危险。在这种情况下，只有上师的指导才能真正帮助你。

一颗纯真心灵的委屈和慈悲

有一个小男孩跑到阿玛跟前,给她看他的右手。阿玛亲切地握住他的手指,用英语问:"怎么了,宝贝?"小男孩转过身,说:"那里……"

阿玛:(英语)那里,什么?

小男孩:爸爸……

阿玛:(英语)爸爸,什么?

小男孩:(指着自己的手掌)爸爸坐这里。

阿玛:(紧紧抱住小男孩,用英语说)阿玛叫爸爸来。

这时，小男孩的父亲也来到阿玛跟前。他说，早上在家里他不小心坐到了孩子的手，这是小男孩想告诉阿玛的。

阿玛仍然紧紧地抱着小男孩，说："我的宝贝，阿玛把你的爸爸好好打一顿，好不好？"

小男孩点点头。阿玛假装打他的父亲，男孩的父亲顺势装哭。突然，小男孩抓住阿玛的手说："够了。"

阿玛笑了起来，把男孩抱得更紧了。周围的信徒们也跟着笑了起来。

阿玛：你看，他爱爸爸，不想让任何人伤害他爸爸。

就像这个小男孩来到阿玛跟前毫无保留地敞开心扉一样，孩子们，你们也应该学习这样向神倾诉心声。虽然阿玛只是假装打他爸爸，但对这个孩子来说，却是真打。他不希望爸爸受伤。同样的，孩子们，你们也要理解他人的痛苦，以慈悲之心对待每一个人。

唤醒沉睡的弟子

提问者：上师如何帮助弟子超越自我？

阿玛：上师会制造一些必要的境遇。实际上，是上师的慈悲在帮助弟子。

提问者：那帮助弟子的到底是什么？是这些境遇还是上师的慈悲？

阿玛：正是上师无限的慈悲造就了这些境遇。

提问者：这些境遇是普通的还是特殊的？

阿玛：都是些普通境遇，但也很特殊，因为这些都是上师为了帮助弟子进步赐予的另一种形式的祝福。

提问者：在破我执的过程里，上师和弟子之间会有冲突吗？

阿玛：头脑会挣扎和抗议，因为它想继续沉睡，继续做梦，不想被打扰。然而，一个真正的上师正是搅扰弟子沉睡的人，上师唯一的目标就是唤醒弟子。所以，这看上去是个矛盾。但是，一个真正充满爱之信念（Shraddha）的弟子，会运用辨别力来克服这种内心冲突。

服从上师

提问者：完全服从上师最终会带来我执的死亡吗？

阿玛：会的。在石氏奥义书（Kathopanishad）中，死神阎摩代表上师，这是因为上师象征着弟子我执的死亡，而这只有在上师的帮助下才会发生。

弟子对上师服从是源于弟子对上师的爱。上师自我奉献的精神和慈悲心会深深地鼓舞弟子。被上师的这些品质所感动，弟子会自然而然地对上师敞开心扉，并服从上师。

提问者：面对我执的死亡需要非凡的勇气，是吗？

阿玛：当然，这就是为什么很少有人能够做到。让我执死亡就像在敲死亡之门。石氏奥义书里那个年轻的求道者那契克陀司（Nachiketas）就是这么做的。但是，如果你有勇气和决心敲死亡之门，你会发现死亡其实并不存在。因为甚至死亡，或我执的死亡，都是虚幻的。

地平线就在这里

提问者：自性藏在哪里？

阿玛：这个问题就像在问，"我藏在哪里？"你没有藏在任何地方，你就在你之内。同样的，自性就在你之内也在你之外。

当你站在海岸远眺，你会看到海洋和地平线在某个点交汇。假设那儿有一个岛屿，岛上的树看起来连着天。但是，如果我们到那个地方，还能看到那个交汇点吗？不能。这个交汇处会随之移开，出现在另一个地方。事实上，地平线在哪儿呢？地平线就在我们脚下，对不对？

同样的，你所寻找的东西也就在这里。但是，只要我们还是受到身心的催眠，它就仍然遥不可及。

从最高知见的层面来看，你就像一个乞丐。上师出现在你面前告诉你："你看，你拥有整个宇宙。扔掉你乞讨的碗吧，去寻找你内心的宝藏。"

出于对实相的无明，你坚定地说："你乱讲，我是个乞丐，我要乞讨一辈子，请你别管我。"但是，上师不会就这样离开你，上师会一直提醒你这件事，一次又一次，直到你被说服，并开始追寻真理。

简而言之，上师帮助我们认识到我们的乞讨心，敦促我们扔掉乞讨碗，协助我们变成宇宙的拥有者。

信仰和念珠

在加州圣拉蒙的一次女神相（Devi Bhava）活动中，我正准备去唱拜赞歌（Bhajan），一位女士哭着朝我走过来。

她说："我丢了一件特别珍贵的东西。"

这位女士听上去很绝望，她说："我在楼上的露台睡着了，手里拿着奶奶给我的念珠。等我醒来的时候却发现念珠不见了，有人把它偷走了。它对我来说是无价之宝啊。哦，我的天哪，我现在该怎么办？"她说着哭了起来。

"你去失物招领处找过了吗？"我问道。

"找过了，"她说，"但那里没有。"

我说："请不要哭，我们广播一下吧。如果有人捡到了或误拿了，只要你说明它对你有多珍贵，没准就还回来了。"

我正要带她去声控台，她说："这种事怎么会发生在女神相活动里，我来接受阿玛达善的时候？"

听她这么说，我不由自主地说了以下这些话："你看，是你自己不小心才丢了念珠。如果念珠对你这么珍贵，你为什么要把它拿在手里睡觉呢？今晚有形形色色的人来这里。阿玛从不拒绝任何人。她允许每个人参加活动，开开心心的。既然你知道这一点，就更应该保管好你的念珠。你自己粗心大意，却不愿承担责任，反而责怪阿玛。"

这位女士不服气地说："我对阿玛的信念已经动摇了。"

我问她："你有信念可失去吗？如果你有真正的信念，又怎么可能失去它？"

她不再说什么。但我还是带她到声控台发布了寻物启事。

几个小时后，唱完拜赞歌，我在大厅正门遇见了那位女士，她在等我。她告诉我她找到了念珠。其实是有人在露台地上看到了一串念珠，觉得这是阿玛给他的礼物，就把它拿走了。但是听到广播后，他就把念珠还回来了。

女士说："谢谢你的建议。"

"谢谢阿玛，因为她如此慈悲，不想让你失去信念。"我回答。在告别之前，我跟她说："虽然来这儿的什么人都有，但他们都爱阿玛，不然你就再也见不到你的念珠了。"

爱与臣服

提问者：阿玛，爱与臣服有什么区别？

阿玛：爱是有条件的，臣服是无条件的。

提问者：这是什么意思？

阿玛：在爱中，有爱者和被爱者，弟子和上师，信徒和神。但在臣服中，两者都消失了。唯有上师；唯有神。

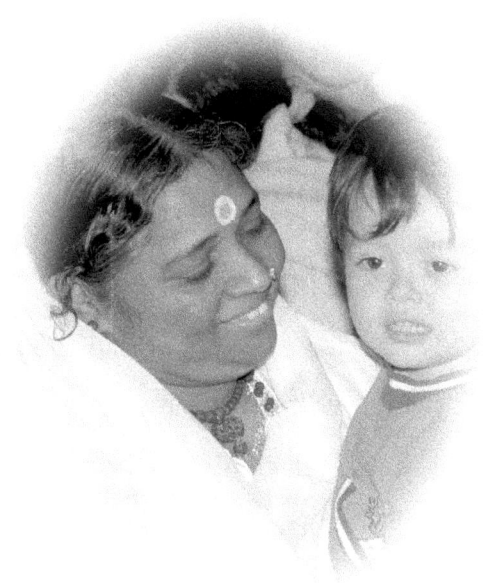

觉照力和警觉力

提问者：觉照力和充满爱的信念（Shraddha）是一回事吗？

阿玛：是的，充满爱的信念越多，觉照力就越多。在通往永恒自由的道路上，缺乏觉照力会制造阻碍。这就像在大雾中开车，什么也看不清。这很危险，随时可能会发生意外。然而，带着觉照力行动，会帮助你觉悟你本有的神性，每时每刻让你的见地更透彻。

信念让一切变得简单

提问者：为什么觉悟这么困难？

阿玛：其实觉悟很容易，因为梵我（自性）跟我们是最近的。是妄心让觉悟变得困难。

提问者：但是经文里和大师们不是这么说的，修行的方式和方法都非常严格。

阿玛：经文和大师们总是试图让它变得简单起来。他们不断提醒你，你的本性是梵我，是神，这说明它并不遥远。那是真正的你，是你的本来面目。但要吸收这个真理，你需要有信念。没有信念会让这条路变得崎岖，有信念会让这条路变得简单。你跟一个小孩子说："你是国王。"小孩子马上就认同它，开始表现得像个国王。成人有这样的信念吗？没有。所以，对他们来说才这么困难。

专注于目标

提问者：阿玛，我们怎么样在修行上精进呢？

阿玛：要诚心地修行，并专注于目标。永远记住，你在这个物质世界的存在是为了心灵上的觉醒。你应该以有助于你精进修行的方式塑造你的思维和生活。

提问者：专注于目标和出离是一回事吗？

阿玛：专注目标的人自然会产生出离心。比如，如果你有急事要去另一个城市，你会一门心思想着你的目的地，是不是？沿途你可能会看到美丽的公园和湖泊，高档餐厅，能耍15个球的杂耍演员等等，但你会被他们吸引住吗？不会，你的心不会执着于这些景象，而是执着于目的地。同样的，如果一个人真正地专注于目标，出离心自然会升起。

行动和束缚

提问者：有些人认为，行动会给修行制造障碍，所以最好避免行动。这个说法对吗？

阿玛：这可能是个懒人的定义。业（Karma），即行动，本身并不危险，但是，当行动没有结合慈悲，只是为了自我满足，为了一己私欲时，就会变得危险。比如，医生在做手术时应该充分警觉，还得有慈悲心。如果医生在做手术时还在为家事烦恼，那么他或她的警觉力会下降，甚至会危及病人的生命。这样的行动是不如法的（Adharma，不正确的行动）。另一方面，如果引导得当，医生从成功的手术中获得的满足感还能促使医生进步。换句话说，当我们带着觉知去行动，并以慈悲心为动力，就会加速修行。相反，当我们做事时很少或没有觉知，也缺乏慈悲，就会很危险。

增加辨别力

提问者：阿玛，我们怎样能增加辨别力？

阿玛：带着自省的态度去行动。

提问者：有辨别力的心是成熟的心吗？

阿玛：是的，是心灵上的成熟。

提问者：这样的心更有能力吗？

阿玛：更有能力，还有更多的理解力。

提问者：理解什么呢？

阿玛：理解一切，理解一切境遇和经历。

提问者：您的意思是，甚至包括负面和痛苦的经历？

阿玛：是的，所有经历。哪怕是痛苦的经历，只要我们深入地了解，也会给生活带来积极的影响。所有的经历，无论好坏，在表象之下都蕴含着心灵的启示。所以，通过外在看一切是物质主义，通过内在看一切是心性之道。

最后的飞跃

提问者：阿玛，在修行路上，是不是会有某一个阶段修行人只能单纯地等待？

阿玛：是的。修行人在长时间苦修，也就是在付出了所有必要的努力之后，会到这么一个时候，他必须停下一切修行功课，耐心地等待觉悟发生。

提问者：在那个时候，修行人能自己跃出那一步吗？

阿玛：不能。事实上，那是个关键时刻，在那时修行人需要极大的帮助。

提问者：上师会给予那个帮助吗？

阿玛：会。在那个时刻只有上师的恩典才能帮助修行人。在那时修行人需要绝对的耐心。因为修行人已经做了所有能做的一切，付出了所有的努力。现在，他或她是无助的，不知道如何迈出最后一步，甚至可能会倍感困惑，认为没有觉悟这回事，又回到世俗生活中。只有上师及其恩典才能激励修行人，帮助他或她超越那种状态。

阿玛生命中最快乐的时刻

提问者：阿玛，您生命中最快乐的时刻是什么时候？

阿玛：每一个时刻。

提问者：您的意思是？

阿玛：阿玛的意思是阿玛永远快乐，因为对阿玛而言，只有纯粹之爱存在。

阿玛有一会儿没说话。达善继续进行着。有位信徒带了一张迦梨女神站在湿婆神胸上跳舞的照片让阿玛赐福。阿玛拿照片给提问的信徒看。

阿玛：你看这张照片，虽然迦梨看起来很凶猛，其实她在极乐中。你知道为什么吗？因为她刚刚砍掉了心爱的弟子的头，也就是弟子的自我。头被认为是自我的座位。迦梨在庆祝弟子完全超越自我的这个宝贵时刻。又一个长期在黑暗中徘徊的灵魂从摩耶的魔爪中被解救出来。

当一个人觉悟时，整个造物界的拙火能量（Kundalini Shakti）都会升起并觉醒。从那时起，他或她视一切为神性。一场无止尽的庆典就此开始了。所以，迦梨在狂喜中舞蹈。

提问者：您的意思是，您最快乐的时候也是您的孩子们超越自我的时刻吧？

阿玛的脸上露出了灿烂的笑容。

阿玛给予的最大的礼物

一位癌症晚期的老年信徒来参加阿玛的达善。他知道自己将不久于人世,于是他说:"再见,阿玛,非常感谢您给予我的一切。在这个痛苦的阶段,您让这个孩子沐浴在真爱中,为我指引方向。如果没有您,我早就倒下了。请您永远抱紧这个灵魂吧。"说着,信徒握住阿玛的手,放在自己的胸口。

然后他捂住脸哭了起来。阿玛慈爱地将他的头靠在自己的肩膀上,同时也擦拭着自己脸上的泪水。

阿玛扶起他的头,深深地看入他的双眼。他停止了哭泣,看上去很高兴,很坚定。他说:"阿玛,您给了我这么多的爱,您的孩子不伤心。我唯一担心的是,死后我是否还能继续待在您的怀里。我是为此而哭的,除此之外,我都很好。"

阿玛带着深刻的爱和关切凝视着他的眼睛,轻声说:"别担心,我的孩子。阿玛保证,你会永远待在她的怀里。"

那人的脸上突然亮了起来,充满了极大的喜悦。他看上去是那么的安详平静。阿玛的眼眶还湿润着,默默地目送他离开。

爱让一切鲜活

提问者：阿玛，如果觉性遍一切处，那无生命的物体有觉性吗？

阿玛：它们有觉性，只是你感觉不到、理解不了。

提问者：那我们怎样才能理解呢？

阿玛：通过纯粹的爱。爱让一切活了起来，赋予一切觉性。

提问者：我有爱，但是我看不到一切是活的，有觉性的。

阿玛：那说明你的爱有问题。

提问者：爱就是爱，能有什么问题？

阿玛：真正的爱能帮助我们体验生命和无处不在的生命力。如果你的爱不能让你看到这一点，这样的爱就不是真正的爱，而是虚妄的爱。

提问者：但这很难理解和实践，不是吗？

阿玛：不是的。

信徒沉默下来，满脸困惑。

阿玛：它没有你想象的那么难。事实上，几乎人人都在做，只是没有意识到罢了。

就在这时，有一位信徒带着她的猫咪来接受阿玛的祝福。阿玛停了一会儿，慈爱地抱着猫咪，抚摸它。然后，她小心地在猫咪的额头上涂抹了一些檀香膏，给它喂了一个好时之吻巧克力。

阿玛：公猫还是母猫？

提问者：母猫。

阿玛：她叫什么名字？

提问者：小玫瑰……（忧心忡忡）她这两天不太舒服。阿玛，请您保佑她早日康复。她是我忠实的朋友和伙伴。

这位女士一边说一边流下了眼泪。阿玛慈爱地在猫咪身上擦了一些圣灰，然后把它交还给信徒，信徒高兴地离开了。

阿玛：猫有数百万只，对那个孩子来说，她的猫可不是百万只中随便的一只，而是独一无二的。对她来说，它几乎就是一个人,她的"小玫瑰"有它的人格。为什么呢?因为她太爱这只猫了,对它有很深的认同感。

全世界的人都这样,不是吗?他们给自己的小猫、小狗,还有鹦鹉起名字,有时甚至给树起名字。一旦起了名字这些就变成他们的了,这样一来这些动物、鸟、植物会变得特殊,与其他同类不一样了。突然之间,它就不再只是一个生物,人们对它的认同赋予了它新的生命。

你看小孩子,对他们来说,玩偶是有生命有意识的。他们会跟玩偶说话,喂玩偶吃饭,抱着玩偶睡觉。是什么让玩偶有了生命呢?是孩子对玩偶的爱,不是吗?爱甚至可以让一个无生命体变成活的、有意识的生命。

现在告诉阿玛,这样的爱难吗?

宽恕的重要一课

提问者：阿玛，您有什么想告诉我的吗？在我人生这个阶段，有什么特别的指示吗？

阿玛：（微笑）耐心。

提问者：就这些吗？

阿玛：这已经很多了。

信徒转身离开，刚向前走了几步，阿玛又叫住了他："……还有宽恕。"

听到阿玛的话，他回过身来问道："您是在跟我说话吗？"

阿玛：是的，是在跟你说。

他回到阿玛身边。

提问者：以往的经验告诉我，您这一定是在给我一些暗示。阿玛，请您清楚地告诉我您在暗示什么吧。

阿玛继续给达善，信徒则等着听阿玛的回答。有一段时间阿玛什么也没说。

阿玛：你肯定是突然想到了什么，不然，听到阿玛说"宽恕"的时候，你怎么反应这么快？孩子，阿玛说"耐心"的时候，你的反应可不是这样的，你接受了阿玛的话并走开了，不是吗？所以，肯定有什么事情在困扰着你。

听了阿玛的话，这个男人低着头静静地坐了一会儿。突然,他捂住脸,哭了起来。阿玛不忍心看她的孩子哭泣，她慈爱地给他擦拭眼泪，安抚他的胸口。

阿玛：别担心，孩子，阿玛和你在一起。

提问者：(啜泣着) 您说对了，我无法宽恕我的儿子，我已经一年都没跟他说过话了。我很受伤，也很生他的气。阿玛，请帮帮我吧。

阿玛：(慈悲地看着信徒) 阿玛明白。

提问者：差不多一年前的一天，他无可救药地嗑嗨了回家。当我质问他时,他突然暴躁起来,对我大喊大叫,还砸盘子摔东西。我彻底失去了耐心,就把他赶出了家门。从那以后,我再也没见过他,也没和他说过话。

男人看上去真的很痛苦。

阿玛:阿玛明白你的心,任何人在那种情况下都会失去理智,别再内疚了。不过,宽恕他很重要。

提问者:我也很想,但我心里放不下这件事,不能向前看。每当我心里想宽恕他的时候,我的头脑就会开始质疑。我的头脑说:"你为什么要宽恕他?是他犯了错误,就该让他后悔,并寻求你的宽恕。"

阿玛:孩子,你真心想解决这个问题吗?

提问者:是的,阿玛,我真的想解决,我想疗愈我儿子和我自己。

阿玛:如果是这样的话,那就永远都不要听你的头脑,头脑非但不能修复或解决这样的问题,反而会让情况恶化,让你更困惑。

提问者:阿玛,您有什么建议吗?

阿玛:阿玛的建议可能不是你想听的。但是,阿玛可以告诉你怎么做才能改善和儿子的关系,让你们和睦相处。要信任,事情便会逐渐理顺。

提问者:请您指导我,阿玛。我会尽力按照您所说的去做。

阿玛：无论那天发生了什么，都已经过去了，先让你自己相信并接受这个已发生的事实。然后，要相信那天发生的一连串事件背后，除了已知的原因之外，还有你不知道的原因。你不愿意妥协，急于把一切归咎于你儿子。这没关系。关于那件事，也许是他有错，但是……

提问者：（焦急地）阿玛，您还没有说完。

阿玛：让阿玛问你一个问题，你有没有尊敬和爱戴你的父母？尤其是你的父亲？

提问者：（看起来有些困惑）对我母亲，有的，我和她的关系非常好……但是，我和父亲的关系很糟糕。

阿玛：为什么？

提问者：因为他特别严格，我很难接受他的处事方式。

阿玛：所以肯定有时候，你对他很无礼，伤过他的心，是不是？

提问者：是的。

阿玛：也就是说，你对你父亲做过的事情，现在又通过你儿子的言行回到了你身上。

提问者：阿玛，我相信您说的。

阿玛：孩子，你难道不是因为和父亲关系紧张受了不少苦吗？

提问者：是的。

阿玛：你有没有宽恕过他，修复你们的关系？

提问者：有，但只是在他去世前的几天。

阿玛：孩子，你想让你的儿子也经历同样的痛苦，同时也给你带来痛苦吗？

男人泪流满面，摇着头说："不，阿玛，不……决不。"

阿玛：（紧紧地抱住他）所以，宽恕你的儿子吧，因为只有宽恕才能带来平静与爱。

男人坐在阿玛身边冥想了很久。临走时他说："我现在感到好轻松，我要尽快去见我儿子。谢谢您，阿玛，非常感谢您。"

达善

提问者：人们要怎么做才能深刻地感受您的达善？

阿玛：我们是怎么深刻地感受花儿的美丽和芬芳的？是完全敞开心胸地感受它。假如你鼻塞，那就闻不到它了。同样的，如果你的头脑里被评判和成见堵塞了，也会错过阿玛的达善。

科学家把花朵看作是实验对象，诗人把花朵当成写诗的灵感。音乐家呢？他歌颂花朵。草药学家则把它看作是某种药物的原料，不是吗？对于动物或昆虫来说，它不过是食物。他们都没有把花当作花看，没有把它作为一个整体看。同样的，人们的个性也各有不同。阿玛一视同仁，给每个人同样的机会，同样的爱，同样的达善。阿玛不抛弃任何一个人，因为每个人都是她的孩子。但是，由于每人的接纳能力不一样，对达善的体验也会因人而异。

达善总是在那儿，它是一种永无止境的流动。你只是需要接受它。如果你能完全从心念中抽离出来，只要一秒钟，就能体验到达善的圆满。

提问者：从这个意义上来说，每个人都接受地到您的达善吗？

阿玛：这取决于他们的敞开程度，人们越敞开，在达善中收获到的就越多。虽然不圆满，但人人都能获得一瞥。

提问者：瞥见什么？

阿玛：瞥见他们的本来面目。

提问者：这是否意味着他们也会瞥见您的本来面目？

阿玛：你和阿玛之内的实相都是一样的。

提问者：什么实相？

阿玛：至福至乐的静默之爱。

不是认为，而是相信

记者：阿玛，您在地球上的目的是什么？

阿玛：你在地球上的目的是什么？

记者：我给我的生活设定了目标，我认为我在这儿是为了实现它们。

阿玛：阿玛在这儿也是为了实现某些对社会有益的目标。但与你不同的是，阿玛不仅认为这些目标会实现，阿玛完全相信这些目标会实现。

aum tat sat

词汇表

Adharma：不如法；不义，偏离自然和谐。

Ardhanarishwara：半男半女之神。

Asatya：非真谛。

Atman：梵我；也指自性、觉性、真我。

Avatar：神的化身；源于梵语词根"ava-tarati"，意为下降。

Bhajan：拜赞歌；虔诚的赞歌，或赞美神的歌。

Bijakshara：种子音节或充满能量的音声。也被用作梵咒。

Brahman：梵；超越一切相的终极真理，作为生命之基的实相，神圣存在。

Brahmachari：于上师座下修行的男僧人。"Brahmacharini"为女僧人。

Darshan：达善；亲见圣人，或看见神的幻相。阿玛的标志性达善是拥抱。

Devi Bhava：女神相；在此场合，阿玛揭示她与神圣母亲的一体性。

Dharma：达摩，法，正法；"那维持（造物界）的"，它通常是指宇宙的和谐，道德准则，神圣义务，永恒法则。

Duryodhana：难敌；是俱卢百子中的兄长。他篡夺了本该由般度五子中的兄长坚战所继承的王位。出于对正直的般度族的仇恨，难敌甚至连一根草叶也不愿意给他们。

他因这不义之举而臭名昭著，这一举动也引发了无可避免的摩诃婆罗多大战。

Dvaparayuga：详见 yuga。

Gopi：牧牛女；毗林达梵的牧牛女。她们以对克里希那虔诚的爱而闻名，她们的虔诚体现了对神最强烈的爱。

Guru：上师，精神导师。

Japa mala：念珠。

Jyotish：吠陀占星。

Kali：迦梨；女神的凶恶相，被描绘为黑色的女神，颈上挂着一串人头，腰间系着一圈人手。Kala（时间）的阴性品质。

Kaliyuga：详见 yuga。

Karma：业，行动；身口意的行为。也指我们的行动所制造的后果。

Kauravas：俱卢族；国王持国和王后甘陀利所生的百子，不义的难敌是百子中的长子。般度族是他们的堂兄弟。俱卢族与善良的般度族为敌，展开了摩诃婆罗多大战。

Krishna：克里希那；来自梵语词根"krish"，意为吸引过来或消除罪恶。毗湿奴的主要化身。他出生在皇室家族，但由养父母抚养长大。他曾是个年轻的牧牛人，生活在毗林达梵。在那里，他受到了牧牛同伴们，牧牛女（Gopis）和牧牛人（Gopas），虔诚的爱戴和崇拜。后来克里希那建立了陀伐罗迦城。他与堂兄弟般度族人交好,是他们的朋友和军师,尤其是阿周那。在摩诃婆罗多大战中,克里希那为阿周那驾战车,并向阿周那揭示他的教义《薄伽梵歌》。

Krishna Bhava:克里希那相;在此场合,阿玛揭示她与克里希那的一体性。

Kundalini:拙火,灵力;被描绘为盘绕在脊椎根部的一股蛇形能量,通过修行升扬到头部,令人得解脱。

Lila:神圣游戏。

Mahatma:圣人;字面意思是"伟大的灵魂",指那些证悟的人。

Mahabharata:《摩诃婆罗多》;由圣人毗耶娑所著的伟大印度史诗。故事主要讲述了正义的般度族人和不义的俱卢族人之间的大战。

Mantra drishtas:那些"看见"梵咒的人。

Maya:摩耶;极具诱惑的宇宙幻觉,幻相,相对于实相而言的表面现象,神的创造之力。

Moksha:解脱;即从生死轮回中解脱出来。

Mrityunjaya mantra:永生不朽湿婆梵咒。

Nirguna:无相(相对于 Saguna)。

Pandavas:般度族;般度国王的五个儿子,克里希那的堂兄弟。

Paramatman：梵，至尊梵，自性。

Prarabdha karma：随伴业；指前世的一部分业导致现世的果报。

Prasad：赐福的物品；从圣人那里或者庙里得到的赐福过的供品或礼物，通常是食物。

Purnam：圆满。

Rama：罗摩；史诗《罗摩衍那》中的神圣英雄。毗湿奴的化身，他被认为是正法和美德的最理想典范。"Ram"指"沉浸"。沉浸于自性中，内在喜悦的原则，使他人欢欣鼓舞。

Ravana：罗波那；强大的恶魔。毗湿奴化身罗摩，杀死罗波那，恢复世界和谐。

Rishi：仙人；圣人或者见者，在他们至深禅定中，梵咒显现出来。

Sadhak：修行者；求道或修行的人，致力于成道。实修者。

Sadhana：引向觉悟的严格精进的修行方法。

Saguna：有相（相对于 Nirguna）。

Sakshi：观照；内观一切体验和念头。

Samadhi：三摩地；字面上是指"一切心念活动的终止"。与神合一，一种失去自我身份的超越状态，与实相合一，一切唯有觉性的状态。

Samskara：印记，仪式。

词汇表

Sannyas：舍离的正式宣誓。

Sannyasi：托钵僧；正式宣誓舍离的僧人。

Satguru：觉悟上师；所有的"Satguru"都是"Mahatma"，但不是所有的"Mahatma"都是"Satguru"。上师是安住于自性极乐的同时，选择降到凡人的水平以帮助人们在修行上进步。

Satya：真谛。

Satyayuga：详见 yuga。

Seva：无私服务，将服务的结果献于神。

Shakti：神圣能量；宇宙意志和能量的化身，力量。见 Maya。

Shraddha：专注；信仰。

Siddhis：神通;（在某项练习或课题中取得的）圆满成就。

Sita：悉多；罗摩的配偶。在印度，她被认为是女性的典范。

Swami：斯瓦弥；对立下舍离誓言的托钵僧的称呼。

Tapas：苦修。

Tretayuga：详见 yuga。

Upanishads:《奥义书》；吠陀经中涉及自性知识的部分。

Vairagya：出离。

Vasana：习气，或通过念头、动机和行动显化的微细欲望；在体验中积累的潜意识印记。

Vedanta：吠檀多，不二论；内容涉及梵，即至上真理，以及证得真理之道。

Vedantin：吠檀多或不二论的追随者。

Vrindavan：毗林达梵。

Yajnopavitam：神圣丝线。

Yudhishthira：坚战；正义的般度族五兄弟中的长子。

Yuga：时；根据印度教的宇宙论，宇宙（从起源到消亡）要走过四个纪元或四个时代的循环。第一个是圆满时（Satyayuga），在此期间正法当道。接下来每个时代都见证了正法的逐渐衰落。第二个时代被称为二分时（Treta-yuga），第三个是三分时（Dvaparayuga），第四个也是现在的时代被称为黑暗时（Kaliyuga）。

www.ingramcontent.com/pod-product-compliance
Lightning Source LLC
Chambersburg PA
CBHW071210090426
42736CB00014B/2768